W0212437

LES MERVEILLEUX

OURS EN PELUCHE

LES MERVEILLEUX

OURS EN PELUCHE

PAULINE COCKRILL

Photographies
de ROLAND KEMP

PRESTIGE
SOLAR

© 1991, Dorling Kindersley Limited, Londres, pour l'édition originale
© 1991, Pauline Cockrill, pour le texte original
© 1992, Éditions Solar, Paris, pour la version française

Titre original de cet ouvrage
THE ULTIMATE TEDDY BEAR BOOK

Traduction-adaptation
Gisèle Pierson

ISBN : 2-263-01908-1
N° d'éditeur : 2011
Dépôt légal : septembre 1992

Photocomposition : Nord Compo, Villeneuve-d'Ascq
Imprimé en Italie par Arnoldo Mondadori

Note importante

Les noms des ours figurant entre guillemets sont ceux qui leur ont été attribués par leur propriétaire

Sommaire

6 *Avant-propos*
8 *La parade des ours*
10 *Caractéristiques*

12 **Naissance de l'Ours en Peluche 1903-1913**
14 *Les matériaux*
16 *Les tenues vestimentaires*
18 *L'évolution*
20 *Catalogue*

34 **L'Explosion 1914-1944**
36 *Les matériaux*
38 *Les tenues vestimentaires*
40 *L'évolution*
42 *Catalogue*

70 **L'Ours en Peluche Synthétique 1945-1969**
72 *Les matériaux*
74 *Les tenues vestimentaires*
76 *L'évolution*
78 *Catalogue*

90 **La Consécration 1970-1990**
92 *Les matériaux*
94 *Les tenues vestimentaires*
96 *L'évolution*
98 *Catalogue*

114 **L'Ours Moderne**
116 *Les copies d'ours anciens*
120 *Les ours commémoratifs*
122 *Le rôle de l'ours*
124 *Entretien et réparations*

126 *Index*
128 *Remerciements*

Avant-Propos

Qui aurait pu penser qu'une mode remontant à quatre-vingt-dix ans aurait tout autant de popularité aujourd'hui ? Comme il est étonnant qu'une bête sauvage aussi dangereuse ait pu être à l'origine d'une si tendre et douce créature, symbole de l'enfance chargé d'émotion et d'amour partagé. L'ours en peluche, qui ne fut tout d'abord que la mascotte du président des États-Unis Theodore Roosevelt, est aujourd'hui universellement reconnu comme premier compagnon et confident de l'enfant. Il figure dans des millions de livres, chansons, bandes dessinées et films ; on l'utilise dans les thérapies infantiles et il constitue l'élément essentiel d'un nouveau passe-temps, l'« arctophilie », ce mot venant du grec arctos : *ours et* philos : *ami.*

△ **Le premier ami**
Photographie datant de 1905, illustrant le rôle de l'ours en peluche, premier compagnon de l'enfant et confident tendrement aimé.

La Collection

La collection d'ours en peluche varie selon les goûts, l'espace disponible et les ressources de son propriétaire. Certains accumulent même tout ce qui s'y rapporte d'une façon ou d'une autre – emballages de biscuits ou timbres-poste –, alors que d'autres privilégient un domaine particulier, recherchant avec ardeur les plus anciens modèles, Steiff, Bing, Chad Valley ou Merrythought. D'autres encore ne s'intéressent qu'aux répliques d'ours anciens fabriquées par des artistes en la matière. Enfin, quelques arctophiles se consacrent avec un dévouement presque missionnaire à sauver d'un destin hasardeux les ours en peluche abandonnés et montent une collection plus par amour que comme investissement.

△ **Record battu**
Bunny Campione, de Sotheby's, à Londres, présente l'ours Steiff « Happy » (voir p. 45)*. En 1989, il fut vendu aux enchères pour la somme jamais égalée de 55 000 £ (550 000 F).*

Un Charme Particulier

Comparés aux autres objets de collection, les ours en peluche semblent posséder une qualité inhabituelle. Toute nouvelle acquisition se voit sans tarder dotée d'une personnalité, baptisée et souvent habillée. Certains ours sont même présentés avec un pedigree. J'ai vu des gens très sérieux parler à ces objets inanimés. Et il est vrai que le prix élevé atteint par certains ours est fonction non seulement de leur marque, mais aussi de leur caractère.

Reconnaissance Universelle

La collection des ours en peluche est devenue un passe-temps si populaire que certains arctophiles ont ouvert la leur au public. Les musées du monde entier reconnaissent la place si importante de l'ours en peluche. Son quatre-vingtième anniversaire a été célébré par une exposition à Lyon, en 1983. En 1984 et 1985, deux musées allemands ont abrité une exposition intitulée « Ours en peluche et compagnie », consacrée essentiellement à l'histoire de la marque Steiff.

△ **A quatre pattes**
Avant l'apparition des exemplaires en peluche, les ours se tenaient sur leurs quatre pattes, comme cet ancien Steiff.

▷ **L'ours tout-puissant**
Le côté « plus grand que nature » de l'ours en peluche est évoqué dans cette ancienne photographie.

△ **Ours coquin**
Plusieurs cartes postales illustrées datant des deux premières décennies de ce siècle risquent cette facétie.

LE MUSÉE DE L'ENFANCE

En 1984, je me joignis à l'équipe de conservateurs du musée de l'Enfance de Bethnal Green, département du Victoria and Albert Museum de Londres. Je devins arctophile par accident. Ma formation d'historienne d'art semblait alors attirer un flux ininterrompu de demandes de renseignements sur les ours en peluche. Je recevais des lettres adressées à « la dame qui aime les ours en peluche ». Je commençai à augmenter la collection d'ours du musée. Bien des gens arrivaient avec leur ours en peluche pour s'assurer que leur vieux compagnon trouverait là une dernière demeure à la mesure de leur amour. L'un d'eux, en particulier, ne fut jamais oublié par son dernier propriétaire, d'un certain âge et qui, jusqu'à sa mort, lui envoya chaque année une carte d'anniversaire. « Little Tommy Tittlemouse » – tel était son nom – avait été fabriqué en 1908. Aujourd'hui, il a perdu tous ses poils, mais il est toujours là, sur son étagère, d'où il fixe attentivement les visiteurs de ses yeux noirs.

▽ **Ours rare**
Fabriqué en 1925 par Gebrüder Süssenguth (voir p. 44)*, Peter est rare et précieux.*

LE DÉBUT D'UNE COLLECTION

Comment commence-t-on une collection d'ours en peluche ? Avant de faire les premiers achats, il est bon de visiter musées, boutiques et foires aux antiquités spécialisés dans ce domaine. Feuilletez les catalogues ou, si possible, assistez aux présentations des ventes consacrées aux ours en peluche et autres jouets, dans les salles des ventes connues comme Sotheby's, Christie's ou Phillips. Discutez avec tous les experts que vous rencontrerez et consultez des livres, tel celui-ci, conçu aussi bien pour le collectionneur expérimenté que pour l'acheteur novice. Au fil des pages, vous découvrirez les ours de face et de profil, ainsi que leurs principales caractéristiques. Même un amateur débutant s'apercevra vite qu'aucun ours en peluche ne ressemble à un autre, chacun ayant sa propre identité.

△ **Ours britannique**
Les premiers ours britanniques, tel celui-ci datant de 1930, sont aujourd'hui très prisés.

◁ **La petite famille**
Paul et Rosemary Volpp avec « Bo », « Happy » et « Dearheart », de Steiff, leurs trois spécimens les plus précieux. Les Volpp possèdent une étonnante collection de 4 000 ours en peluche dans leur maison de Californie.

△ **Format de poche**
Ces trois Schuco de 1920 sont des ours de poche.

LA PARADE DES OURS

Avant la Première Guerre mondiale, les ours en peluche ressemblaient à de vrais ours : museau pointu, dos arrondi et longs membres, peluche de mohair de couleur réaliste, coussinets de feutre sous les pattes et yeux en bouton de bottine. Le principal fabricant fut tout d'abord la firme allemande Steiff, mais l'industrie du jouet en peluche se développa très rapidement en Angleterre dans les années 20 et 30. Les ours anglais différaient par une face plus plate, des membres plus courts et plus raides et bientôt l'absence de bosse. Vers la fin des années 40 apparaît la fibre synthétique, et le kapok remplace le rembourrage traditionnel de frisure de bois. La forme va changer de façon spectaculaire pour donner un ours plus rond, aux membres non articulés.

NOUVEAUX OURS, NOUVEAUX MATÉRIAUX

Vers 1964, tous les ours étaient entièrement faits de matières synthétiques, et l'on commercialisa le premier spécimen lavable en machine. Cependant, vers 1980, on vit réapparaître l'ours en peluche traditionnel, destiné au nouveau marché des collectionneurs. Une industrie artisanale se développa, fabriquant des ours de collection dans des matériaux naturels, tout en appliquant les normes de sécurité modernes.

▽ ***Vers 1918, anglais***
Version anglaise du Steiff. Membres plus courts, corps long et mince et museau effilé.

▷ ***Vers 1905, allemand***
Cet ours Steiff, avec sa forme et sa couleur réalistes, est typique de l'époque.

▷ ***Vers 1955, anglais***
Ours d'après guerre typique : large front, yeux en plastique, membres courtauds, coussinets en Rexine et rembourrage en frisure.

▷ ***Vers 1964, anglais***
Le premier ours lavable en machine, par Wendy Boston.

▽ ***Années 50, anglais***
Ours en peluche de mohair, aux coussinets de velours, yeux en plastique et grelots dans les oreilles.

▽ ***Années 60, australien***
Ce minuscule ours non articulé était fabriqué par la firme Jakas.

*▽ **1921, allemand***
Steiff plus récent, aux membres un peu plus courts et arrondis, et aux yeux de verre remplaçant les boutons de bottine de ses prédécesseurs.

*▽ **Années 30, anglais***
Trois spécimens typiques des ours anglais de l'époque. Les membres sont courts, les faces plates ; velours de coton et coton tissé remplacent le feutre pour les coussinets des bras et des pattes.

*▽ **Années 40, anglais***
Ours musical Chiltern fabriqué en peluche de rayonne et soie artificielle. Après 1930, ce matériau fut produit en différentes couleurs.

*▽ **Années 40, anglais***
Cet ours, comme beaucoup pendant la guerre, est fait en peau de mouton avec coussinets en cuir.

*▽ **Années 70, américain***
Ours non articulé fabriqué avec des matériaux artisanaux par la célèbre firme américaine Knickerbocker Toy Co., les différentes pièces étant assemblées en Corée.

*▽ **1986, anglais***
Ours fabriqué par l'entreprise familiale Canterbury Bears.

*▽ **1988, américain***
Ours moderne fabriqué par la firme américaine Applause, en peluche synthétique et rembourrage de polyester.

*▽ **1987-1988, allemand***
Teddy Rose fait partie d'une série limitée de 10 000. C'est une copie d'un ours Steiff fabriqué à l'origine en 1925.

*▽ **1987, anglais***
Brian's Bear fut fabriqué pour le magasin spécialisé Asquiths. C'est une belle pièce de collection.

Caractéristiques

Les différentes caractéristiques de l'ours en peluche – yeux, nez, bouche et griffes – se sont transformées au fil des années. Conjointement avec la forme générale et les matériaux utilisés pour le corps, ces divers éléments peuvent aider à déterminer date et provenance d'un spécimen, en particulier si, comme c'est souvent le cas, aucune marque n'est indiquée.

Ours d'autrefois et d'aujourd'hui
(A gauche) Ours Steiff du début du siècle, assis à côté d'un ours Steiff datant des années 80 (à droite).

YEUX

L'œil est un bon moyen de déterminer l'âge, même si l'on doit se méfier des remplacements. Il est parfois difficile de distinguer le plastique du verre : ce dernier est plus froid et plus dur si vous posez vos lèvres dessus.

NEZ

Le nez des ours est formé depuis toujours par des piqûres. Le nez – moins courant – en celluloïd, fer-blanc ou cuir est souvent antérieur à la Seconde Guerre mondiale ; le caoutchouc moulé et le plastique sont apparus après les années 50.

BOUCHE

Pour la majorité des ours, la bouche est suggérée par des piqûres de fil noir ou marron formant un V inversé. Les variantes de ce thème donnent aux différents ours leur expression propre.

GRIFFES

Diverses sortes de piqûres constituent la représentation la plus fréquente des griffes sur les pattes avant et arrière de l'ours. Quelques-uns, plus rares, possèdent des griffes moulées sur des coussinets en caoutchouc ou en bois.

1903-1913

YEUX

Petit bouton de bottine en bois

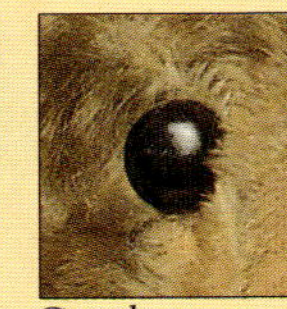

Gros bouton de bottine en bois

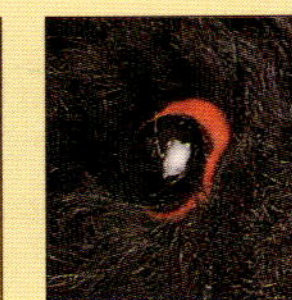

Bouton de bottine sur feutre rouge

Petit bouton métallique

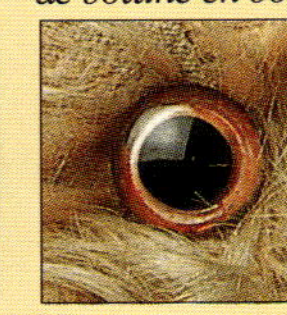

Verre transparent, fond peint

Les yeux sont maintenus par une queue ou un crochet en fil métallique.

NEZ

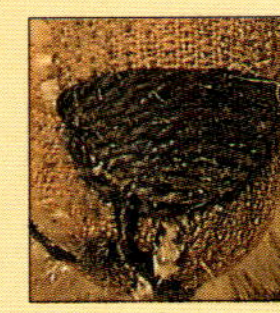

Piqué à la main en fil noir

Gutta-percha moulée

Le nez est généralement piqué à la main avec du fil noir ou marron. La gutta-percha, plastique naturel, est parfois utilisée. C'est le cas, en particulier, pour le rare Steiff 1904/1905, articulé avec des tiges métalliques.

BOUCHE

Piqûres, grand sourire

La bouche est généralement formée par le V inversé traditionnel : un seul point de chaque côté d'une piqûre verticale. Cependant, certains ours, comme le Laughing Bear de Columbia, ont la bouche ouverte et une rangée de dents.

GRIFFES

Quatre points à partir du coussinet

Les griffes sont généralement formées avec du fil noir ou marron : quatre points du bord du coussinet, sur la peluche.

1914-1944

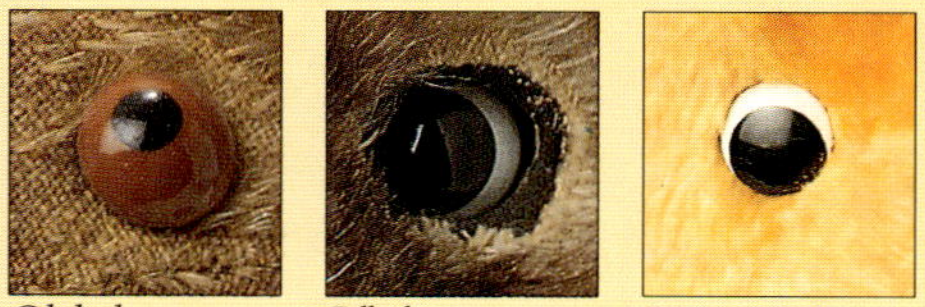

Globuleux, en verre épais — Bille de verre pivotant dans l'orbite — Bouton de métal émaillé

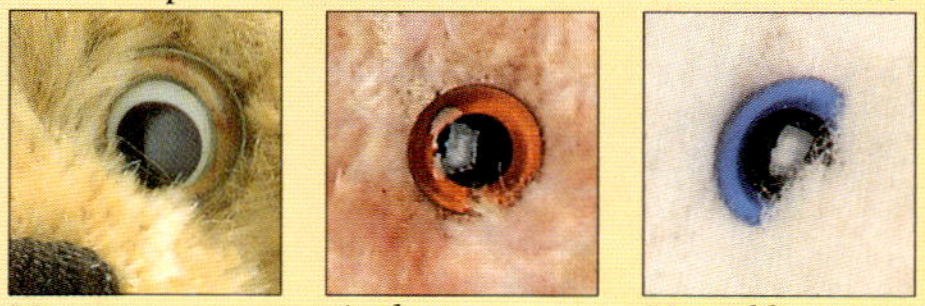

Verre transparent, fond peint — Ambre et verre noir — Verre bleu et noir

1945-1969

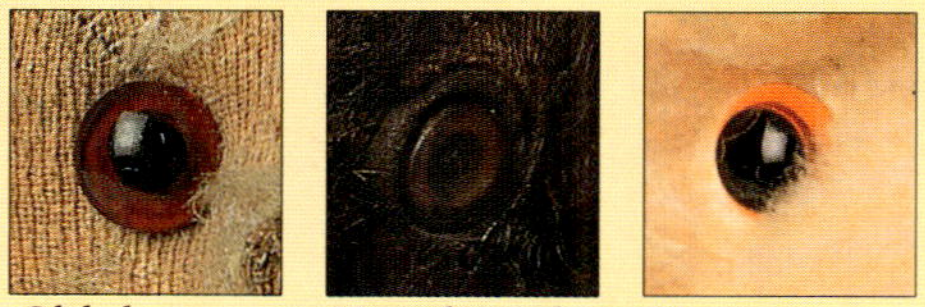

Globuleux, verre marron — Verre dans orbite en caoutchouc — Plastique et vissé, plus sûr

A partir de 1955 environ, l'œil vissé en plastique est utilisé par la plupart des fabricants. Il présente beaucoup plus de sécurité pour les enfants que celui fixé par fil de fer ou crochet employé auparavant.

1970-1990

Plastique ambré — Copie de bouton de bottine — Copie de bouton métallique

Les fabricants doivent aujourd'hui se soumettre aux normes de sécurité et utiliser des yeux verrouillés, en plastique et sans danger. Yeux en verre et copies en plastique des boutons de bottine traditionnels sont utilisés pour les ours de collection.

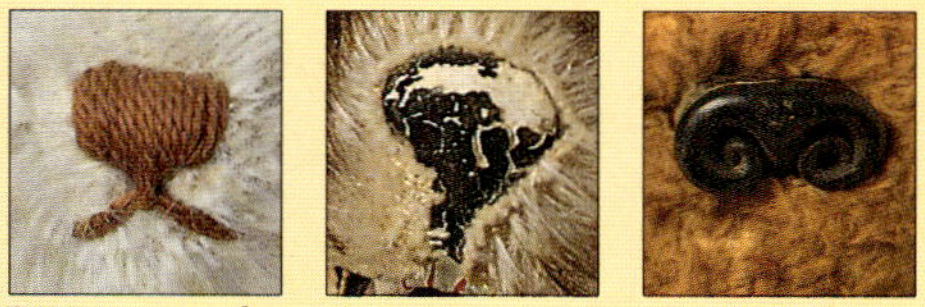

Piqûres verticales (Steiff) — Stuc peint — Cuir en volute

Piqûres verticales (Merrythought)

Les piqûres à la main restent les plus courantes. Leur style peut varier selon le fabricant.

Fer-blanc peint — Piqûre de fil rose en travers — Large, rectangulaire, piqué

Étroit, piqué — Caoutchouc moulé

Le nez moulé et en plastique est utilisé pendant cette période.

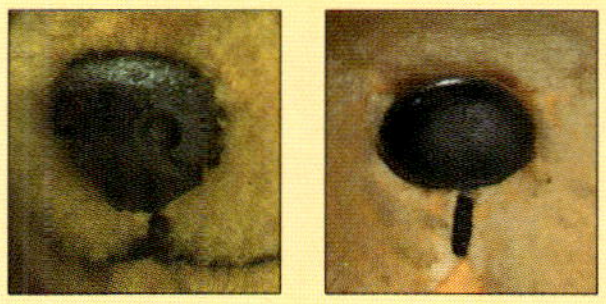

Réaliste, plastique moulé — Stylisé, globuleux, plastique

Le nez verrouillé, en plastique et sans danger, est courant pour les ours destinés aux enfants ; cependant ceux de collection ont généralement un nez piqué à la main.

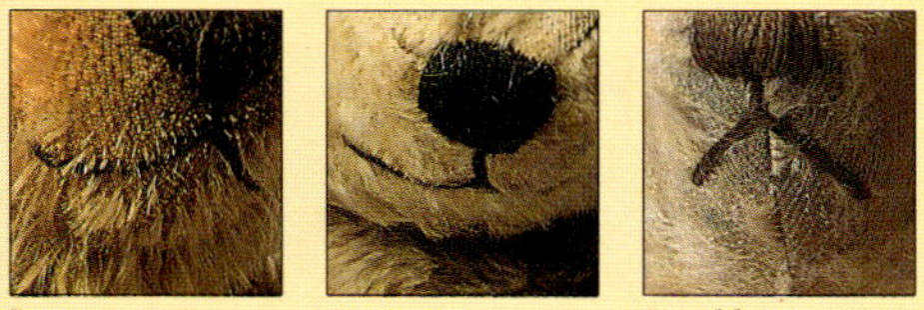

Large sourire piqué — Piqûre unique — Double piqûre

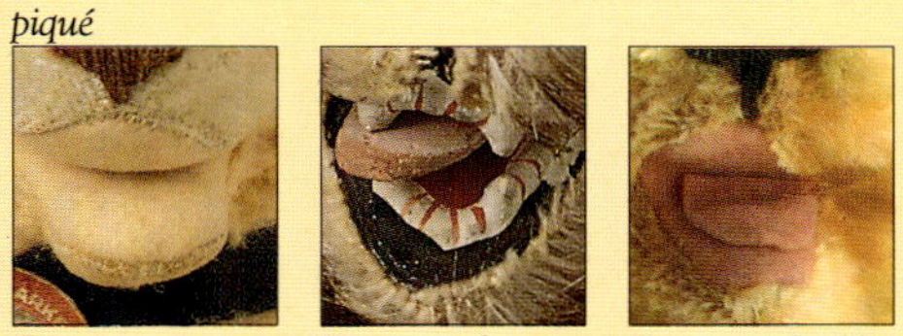

Ouverte, doublée feutre — Ouverte, dents, langue qui bouge — Ouverte, doublée feutre, langue

V inversé traditionnel — Ouverte, doublée feutre — Mâchoire articulée, doublure feutre

Piquée, large, souriante

Les fabricants essaient les bouches ouvertes et articulées, mais la piqûre faite à la main reste le moyen le plus courant de former la bouche de l'ours.

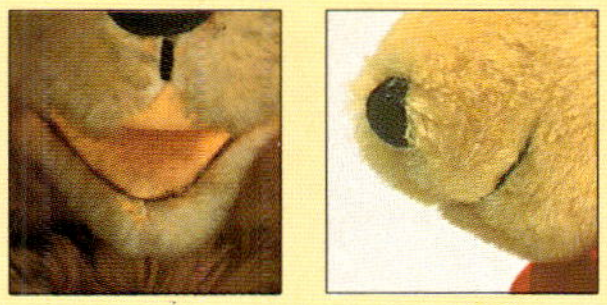

Ouverte, langue de feutre peint — Piqûre unique

Certaines bouches ouvertes sont mues par une puce électronique. Les ours de collection ont généralement une bouche piquée.

Points sur le coussinet — Points à cheval sur coussinet et peluche

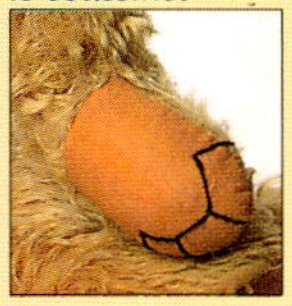

Point de feston

J.K. Farnell, W.J. Terry et Merrythought dotaient leurs ours de griffes jointes (point de feston), mais les griffes séparées sont les plus courantes, mordant parfois sur la peluche.

Caoutchouc moulé avec orteils — Piqûres à cheval sur coussinet et peluche — La peluche à longs poils cache les griffes

Sculptées, en bois — Piqûres sur le coussinet — Piqûres sur la peluche

Les piqûres traditionnelles sur la peluche, le coussinet, ou les deux, sont toujours utilisées. On trouve cependant quelques petites variantes. Les ours de Robert Raikes ont des griffes sculptées sur les coussinets en bois des pattes avant et arrière.

Naissance de l'Ours en Peluche

Nous nous devons de remercier le vingt-sixième président des États-Unis, Theodore – ou Teddy – Roosevelt, pour avoir donné son nom à l'ours en peluche (« teddy bear », en anglais). En novembre 1902, ce célèbre père de famille abandonna la politique pendant quatre jours pour s'en aller chasser l'ours dans le Mississippi. Mais le Président n'eut pas de chance et, pour qu'il ne rentrât pas bredouille, on dut attraper un ours et l'attacher à un arbre. Roosevelt refusa tout net de tirer. Le caricaturiste politique Clifford K. Berryman illustra l'incident dans le Washington Post. *Grâce à Berryman, le petit ours devint le symbole du Président et la vedette de nombreuses caricatures. Moins d'un an plus tard, l'animal du dessin était devenu le «teddy bear» et transformé en jouet.*

△ **Ours buveur**
Un des premiers ours à mécanisme, buvant de la bière.

La Mascotte du Président

Avant la venue de l'ours en peluche, l'industrie du jouet, en plein développement, avait utilisé cet animal pour des automates. Ces ours à mécanisme, qui pouvaient danser, boire ou fumer, étaient très populaires. Beaucoup provenaient de fabricants français, tels Descamps et Martin. En Allemagne, on produisait des ours-jouets en peluche plus réalistes, sur quatre pattes et parfois sur roulettes.

Mais c'est sans aucun doute comme mascotte du président Roosevelt que l'ours en peluche commença sa carrière. Un an après la caricature de Berryman, deux émigrés russes, Morris et Rose Michtom, transformèrent la vedette du dessin en un ours en peluche articulé. Les Michtom vendirent leur stock d'ours aux détaillants Butler Bros., et fondèrent la très célèbre manufacture de jouets, Ideal Novelty & Toy Co.

△ **Caricature**
La première caricature de Berryman montrant Teddy Roosevelt.

Les Origines de Steiff

Au même moment, les ours en peluche articulés se répandaient en Allemagne, grâce à l'affaire familiale dirigée par Margarete Steiff. Condamnée à la chaise roulante à la suite d'une poliomyélite infantile, elle était devenue habile couturière. En 1880, elle créa une compagnie de vente par correspondance de jouets en peluche et autres articles.

Le premier fut une pelote à épingles-éléphant, animal qui devait devenir la première marque déposée Steiff. Les ours Steiff n'eurent d'abord guère de succès, jusqu'à la foire de Leipzig, en mars 1903, lorsque Hermann Berg, acheteur de jouets pour le grand magasin de New York, George Borgfeldt and Co., acheta 3 000 ours en peluche. En 1905, l'ours Steiff, légalement protégé par sa célèbre marque déposée « bouton dans l'oreille », était si apprécié que la fabrique dut s'agrandir trois fois entre 1903 et 1908. Pendant cette période, connue sous le nom de « Barenjahre » (Années des ours), le nombre d'ours en peluche produits annuellement passa spectaculairement de 12 000 à 975 000. La publication des *Ours Roosevelt*, de Seymour Eaton, accrut encore la popularité du jouet. Parus à l'origine dans des journaux du dimanche américains en 1905,

△ **La fondatrice**
Margarete Steiff.

△ **Theodore Roosevelt**
Le « Teddy » original, très aimé des Américains.

◁ **L'usine Steiff**
En 1905, la fabrique Steiff, à Giengen am Brenz, employait environ 2 000 ouvriers pour la confection des ours en peluche.

△ **Teddy B et Teddy G**
Les ours de Seymour Eaton parurent dans vingt journaux américains.

ces contes en vers furent ensuite édités en quatre ouvrages, entre 1906 et 1907. *Les Ours Roosevelt, leurs voyages et aventures* inspirèrent toutes sortes de nouveautés, chopes, cuillères ou livres. Vers 1907, Teddy's Bear avait perdu ses majuscules et était devenu l'ours en peluche (*teddy bear*) universellement reconnu comme compagnon de la famille.

L'ALLEMAGNE ET LES ÉTATS-UNIS

Les fabricants de jouets en peluche, en Europe comme aux États-Unis, se multipliaient pour essayer de répondre à une demande toujours croissante. En Allemagne, centre de l'industrie du jouet, de nombreux créateurs de poupées et de jouets, tels que Gebrüder Bing, Fleischmann et Bloedel, se mirent à produire des ours en peluche. En 1907, Johann Hermann, stimulé par ce phénomène nouveau, fonda sa fabrique de peluches mondialement connue. Aux États-Unis, on sut répondre de la même façon aux exigences de la demande. Des entreprises de jouets, comme l'American Doll and Toy Manufacturing Co., commencèrent à confectionner des ours en peluche en mohair à partir de 1906. D'autres fabricants, comme Hahn & Amberg, spécialisés dans les articles en cuir, se tournèrent également vers ce marché. Quelques compagnies, telle Aetna and Bruin, disparurent rapidement, mais toutes essayèrent d'égaler les ours Steiff, comme on peut le voir dans la publicité de Hecla et de la Miller Manufacturing Co.

△ **Ours modèles**
L'ours en peluche devint bientôt un accessoire important pour le photographe.

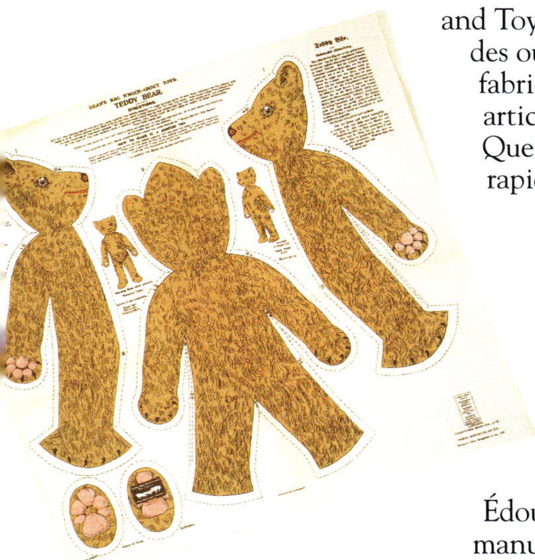

△ **Découpages**
L'ours en coton imprimé prédécoupé, breveté en 1905 par la firme anglaise Dean's Rag Book Co.

LA GRANDE-BRETAGNE

En Grande-Bretagne, l'ours en peluche connut un succès considérable. Il apparut pour la première fois en 1909 dans un conte pour enfants, *The Tale of Teddy Bright Eyes*. Il est possible que sa popularité fût également due au « Teddy » des Anglais, le roi Édouard VII. La plupart de ces jouets provenaient de la manufacture Steiff, en Allemagne, mais une poignée de fabricants de peluches établis à la fin du XIXᵉ siècle, et surtout les firmes londoniennes de William J. Terry (fondée en 1890), la British United Toy Manufacturing Co. (1894) et J.K. Farnell (1897), commercialisaient quelques ours. En 1903, Henry Samuel Dean fonda Dean's Rag Books Co., à Londres. Outre des livres en tissu, il sortit divers jouets en coton imprimé dont des ours. Ses premiers ours en peluche n'apparurent que juste avant la Première Guerre mondiale.

THE LAST WORD
Omega
TRADE MARK
IN TOYS

AETNA

△ **Marques déposées**
Marques déposées de la British United Manufacturing Co. et d'Aetna Toy Animal Co.

▽ **Jouets Terry**
Ce chien était la marque du fabricant de jouets en peluche anglais, William J. Terry.

△ **Héritage**
Cet ours, probablement l'un des tout premiers ours Ideal, fut offert au petit-fils de Roosevelt. Il se trouve actuellement à Washington, au Smithsonian Institute.

LES MATÉRIAUX

A quelques rares exceptions près, les premiers ours furent fabriqués avec des matériaux naturels : peluche de mohair, rembourrage en paille de bois, petits yeux en bouton de bottine, coussinets en feutre et détails brodés. Un système d'articulation des membres et de la tête fut mis au point, ainsi que l'indispensable mécanisme permettant à l'ours de grogner.

Boutons de bottine en bois

YEUX
Les yeux en bouton de bottine en bois avec anneau étaient cousus. Certaines firmes anglaises préféraient le bouton métallique noir. Les ours miniatures avaient des petits yeux de perle de verre à queue de fil de fer.

Œil en perle de verre

Œil de verre, queue en fil de fer

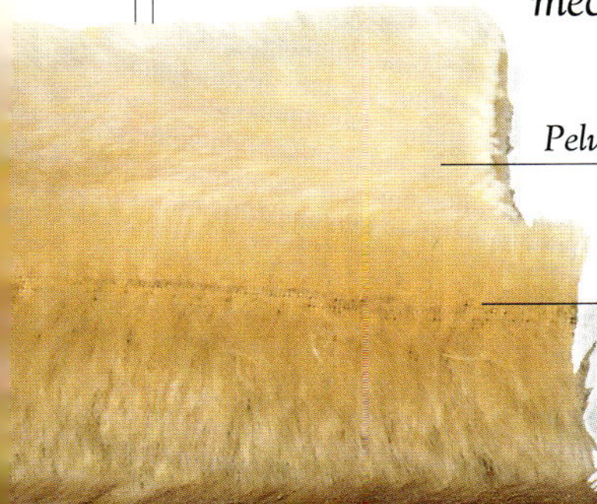

Peluche de mohair blanc

Peluche de mohair jaune

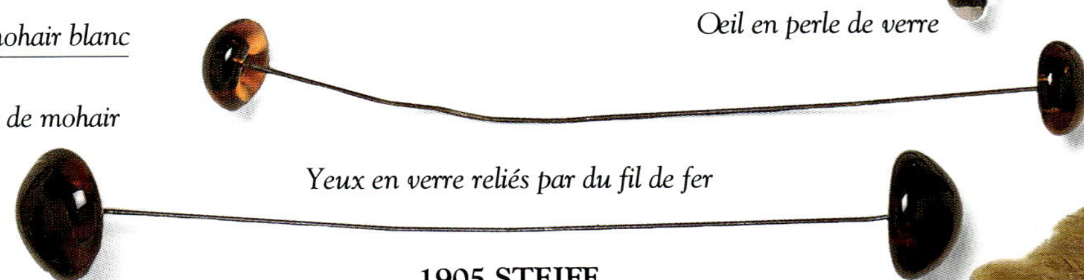

Yeux en verre reliés par du fil de fer

Peluche de mohair marron

Toile de sac

TISSUS EN FOURRURE
Les autres animaux étaient en vraie fourrure, mais l'ours en peluche vit l'invention de la peluche de mohair, moins chère. Douce, soyeuse, peu salissante, elle est tissée avec de la laine de chèvre angora.

1905 STEIFF
Ours typique de cette période, peluche de mohair brun, petits yeux en bouton de bottine.

TOILE DE SAC
Certains des premiers ours furent fabriqués en toile de sac, tissu brun tissé grossièrement, à partir d'une fibre provenant de l'écorce d'un arbre, le jute, importé du continent indien.

Fil de coton

FIL A COUTURE
Après rembourrage, on utilisait un fil très solide pour coudre à la main les dernières ouvertures du corps, de la tête et du haut des membres.

Disques en carton

Morceau de feutre

Petite pointe

Rondelle en métal

ARTICULATIONS EN CARTON
Un disque de carton était fixé au membre, un autre faisait partie du corps. Les deux disques pivotaient autour d'une pointe passant à travers une rondelle métallique. Du feutre faisait office d'amortisseur entre les disques.

Disques en métal et carton

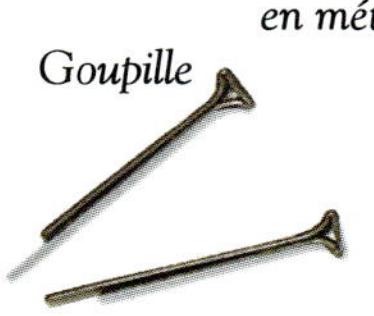

Goupille

ARTICULATIONS MÉTALLIQUES
Des disques en métal étaient parfois utilisés avec les disques en carton, pour donner plus de solidité au mécanisme. Les disques pivotaient sur une goupille (à deux branches s'écartant).

NEZ MOULÉ
Les premiers ours avaient parfois des nez moulés en gutta-percha, une gomme naturelle.

Gutta-percha

Soies à broder

Fil de coton

Feutre

DÉTAILS PIQUÉS A LA MAIN
D'innombrables nez, bouches et griffes furent brodés avec de la soie épaisse. Chaque partie de l'ours était piquée à la machine avec du fil de coton assorti à la peluche de mohair.

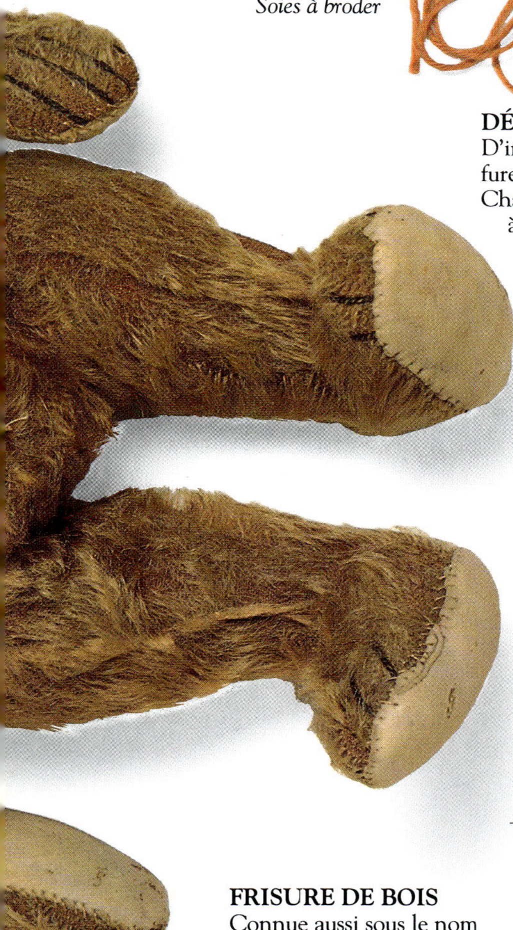

COUSSINETS EN FEUTRE
Les coussinets des pattes étaient en feutre. Les couleurs les plus courantes étaient le beige et le crème, bien que le noir fût parfois utilisé pour les ours noirs. (Du feutre de couleur renforçait quelquefois les coussinets.)

GROGNEMENT A BASCULE
En 1908 apparaît le grognement à bascule. Un poids en plomb dans un tube en carton ouvrait ou fermait le soufflet quand l'ours était basculé, l'air expulsé passant sur une anche et produisant un grognement.

Poids en plomb

Soufflet en bois et toile cirée

Anche à l'intérieur d'un tube

GROGNEMENT A PRESSION
L'un des premiers mécanismes de grognement consistait en un sac de toile cirée. En appuyant sur le ventre de l'ours contenant le sac, l'air s'échappait en faisant vibrer une anche.

Sac en toile cirée

Haut-parleur en gaze

Étui en carton contenant le système à bascule

ANCHE
Le même type était utilisé pour les grognements et les couinements.

FRISURE DE BOIS
Connue aussi sous le nom de paille de bois, c'est un rembourrage fait de longs copeaux, utilisés autrefois pour emballer les objets très délicats comme la porcelaine. Le liège en granules, également employé pour l'emballage, servait aussi pour les ours en tissu imprimé.

Frisure de bois

Kapok

PROTECTION EN KAPOK
Le kapok est une fibre soyeuse protégeant la graine d'arbres tropicaux. Steiff l'utilisait pour entourer les boîtes à grognement ; Farnell l'appréciait pour rembourrer le bout des pattes.

Bande de toile cirée

Ressort hélicoïdal

COUINEMENT
Le couinement à ressort était utilisé avant celui à bascule. Quand on appuyait sur le ventre de l'ours, l'air faisait vibrer l'anche fixée sous l'un des morceaux de bois ou de carton.

LES TENUES VESTIMENTAIRES

Les vêtements choisis par un enfant pour son ours en peluche donnent une idée de la relation qui existe entre eux. L'instinct de l'enfant, qui le pousse à traiter l'ours en être humain et à l'habiller, ouvrit aux fabricants un créneau à ne pas manquer. Le corps de l'ours, articulé comme celui d'une poupée, permettait toutes sortes de tenues et, dès 1906, les sociétés commercialisèrent des vêtements. Steiff fit une série d'ours habillés, parmi lesquels figuraient notamment Basa et Basi, en costume marin ou en robe, et Batro, qui portait un ensemble et une casquette en tricot.

△ **Haut-de-forme**
Chapeau de voyageur édouardien trouvé dans un marché aux antiquités, accessoire indispensable pour un ours aristocratique.

DES OURS POUR LES GARÇONS

Aux États-Unis, l'ours en peluche fut vendu comme jouet de garçon, faisant pendant à la poupée de la petite sœur ; les habits du commerce reflétaient souvent son caractère masculin : on trouvait des tenues de policier, pompier et marin, et le costume de « Rough Rider », l'uniforme de la cavalerie des États-Unis de Roosevelt, était également populaire. Steiff, D.W. Shoyer and Co., Kahn and Mossbacher, tous fabriquèrent des tenues portant le nom de Teddy B et Teddy G *(voir pp. 12-13)* brodé sur la poitrine ou la manche.

△ **Tenue décontractée**
Ours Steiff 1906 portant un manteau croisé à boutons en cuivre.

DES TENUES IMPROVISÉES

Au début du siècle, les habits spécialement étudiés pour ours en peluche étaient chers. Enfants et parents les confectionnaient donc souvent eux-mêmes, notamment à l'aide de patrons trouvés dans des magazines spécialisés. Les tenues artisanales copiées sur la mode contemporaine étaient courantes, et les vêtements de poupée ou de bébé également utiles. Les étudiants habillaient leurs ours en tricot, avec un sweater, un pantalon et une casquette, assortis aux couleurs du collège. Comme on ne trouve plus guère aujourd'hui d'habits d'ours du début du siècle, les collectionneurs recherchent plutôt les vêtements de bébé édouardiens, tels que bonnets et robes, ainsi que tous les accessoires d'époque : sacs, montres et bijoux. Habiller un ours en peluche est amusant et permet également – avantage souvent ignoré – de le protéger de la poussière et de la lumière, ou de camoufler la perte d'un membre ou deux.

△ ***Ours savant***
Les accessoires, de préférence d'époque, ajoutent beaucoup à la personnalité de l'ours. Ce Steiff de 1905, avec son mortier et son cartable, a beaucoup plu aux écoliers et aux étudiants.

△ ***Élégance édouardienne***
Petit bonnet et bloomer édouardiens, en broderie anglaise et coton bordé de dentelle, évoquent des temps révolus.

◁ ***Jouets Cattley***
Collection de 1906 se trouvant aujourd'hui au musée de l'Enfance de Bethnal Green, à Londres. Ces ours appartenaient autrefois aux cinq enfants de la famille Cattley, qui confectionnèrent eux-mêmes leurs habits et toutes sortes de sous-vêtements, avec des restes de broderie anglaise, de velours et de dentelle.

▷ ***Ours marin***
Cet ours de 1916 exhibe fièrement un uniforme naval de la Première Guerre mondiale et une chemise originale cousue à la main.

L'ÉVOLUTION

L'engouement pour l'ours en peluche et tout ce qui s'y rapporte n'est pas un phénomène récent. Dès 1907, sa popularité fut immense et les fabricants de jouets en peluche rivalisèrent pour sortir des modèles originaux, tels ceux à tête réversible. D'autres entreprises se tournèrent vers les ours en métal, porcelaine, bois, caoutchouc et celluloïd. Aux États-Unis, l'influence de l'ours en peluche devint si grande qu'il apparut sur les cartes postales, les publicités et les partitions de chansons. Plus de 400 copyrights de titres de chansons utilisant les mots « teddy » ou « teddy bear » furent déposés entre 1907 et 1911.

△ **Hochet de dentition**
Ours en argent creux, avec anneau en os, datant de 1910.

LES OURS FANTAISIE

On créa très tôt des ours qui pouvaient couiner ou grogner, mais les fabricants essayèrent vite de sortir des nouveautés. En 1907, l'Ours siffleur, qui sifflait quand on le retournait, et l'Ours musical, comportant une boîte à musique à manivelle, furent réalisés par Strauss, le « roi du jouet » de New York. De New York vint également l'Ours rieur de Columbia Teddy Bear Manufacturers, avec sa bouche ouverte sur des dents pointues, et l'Ours électrique aux yeux brillants, breveté le 19 février 1907, par la Fast Black Skirt Co. Ce dernier avait des yeux rouges ou blancs, qui s'allumaient quand on lui serrait la patte droite. On commercialisa aussi divers modèles animés, dont certains sans mécanisme, tel l'Ours basculant de Mrs Gillespie, de New York. En 1911, en Allemagne, une bataille juridique féroce mit aux prises deux fabricants, Steiff et Bing, pour la paternité de deux ours semblables, à mécanisme de pirouette. En 1913, Steiff créa un ours, connu sous le nom de Record Bear, que l'on pouvait tirer sur un châssis métallique à quatre roues, un mécanisme placé sur l'axe arrière produisant un couinement.

△ **Ours en porcelaine**
Ours en porcelaine non émaillée, aux membres articulés.

△ **Boutons**
Les manteaux en peluche de mohair avec boutons « ours » en cuivre étaient appréciés des enfants américains vers 1907.

△ **Partition de chanson**
Détail de la couverture de la partition de The Teddy Bear's Frolic*, publiée à Londres en 1910.*

▽ **Ours en boîte**
Les ours miniatures furent très vite populaires. Ce spécimen dans sa malle fut acheté sur un marché de Londres.

△ **Assiette anglaise**
Cette assiette de 1912 présente un motif en vogue.

DES HOCHETS AUX PANTINS

Pendant toute cette période, on trouvait l'ours en peluche sur nombre d'objets de puériculture, comme les assiettes à bouillie en céramique. Les biberons d'argent américains et les petites cuillères étaient gravés d'ours. On fabriqua des hochets en forme de bâtonnets de fourrure pourvus, à chaque extrémité, d'une tête d'ours, mais les hochets et les anneaux de dentition en argent moulé produits en Amérique et en Angleterre sont tout particulièrement intéressants pour le collectionneur. Un manteau d'enfant en « peau d'ours », ou peluche de mohair noir, brun, blanc ou bleu, avec boutons « ours » en cuivre, est une trouvaille rare. Un autre article recherché est la bouillotte Steiff de 1909, en forme d'ours articulé traditionnel mais abritant un récipient de fer-blanc accessible par une ouverture centrale lacée. Les jeux de cartes et de société inspirés par l'ours en peluche étaient nombreux, ainsi que les cubes, jouets à grelots, tirelires, pantins, dînettes et bijoux pour ours.

▽ **Accessoires**
Le manchon illustré ci-dessous est porté par son premier propriétaire. La photographie est datée entre 1905 et 1910.

◁ **Ours acrobate**
*Semblable à l'ours basculant Steiff (*voir p. 40*), ce jouet Bing, très rare, à mécanisme, datant de 1910, accomplit diverses acrobaties quand on fait tourner les bras.*

△ **Manchon**
Plusieurs fabricants, dont Steiff, sortirent des manchons pour enfants, en forme d'ours.

« Mrs Robinson »

1904 IDEAL NOVELTY & TOY CO.

« Mrs Robinson » est sans doute l'un des plus anciens prototypes de l'ours en peluche, fabriqué par Ideal Novelty & Toy Co., la première firme à produire des ours aux États-Unis. En 1938, cette dernière devint la très prospère Ideal Toy Corporation, reprise en 1982 par CBS Inc., qui malheureusement cessa alors la fabrication des ours.

OREILLES
L'ours Ideal a généralement des oreilles beaucoup plus rondes.

YEUX
Comme beaucoup d'ours d'avant la Première Guerre mondiale, « Mrs Robinson » a des yeux en bouton de bottine, noirs, en bois, cousus sous la couture de la face.

Museau long, proéminent

GRIFFES
Pieds et pattes ont chacun quatre griffes, brodées avec une double épaisseur de fil marron clair.

PIEDS
Les pieds sont plus courts et plus larges que ceux de ses cousins Steiff. Les coussinets ovales sont recouverts de feutre beige renforcé par du carton.

Les coussinets des premiers ours Ideal sont plus étroits à l'endroit des orteils

Peluche de mohair beige

***Profil** « Mrs Robinson » se distingue de ses contemporains américains par son profil à la grosse tête ronde, au front un peu fuyant et à la bosse du dos accentuée.*

NEZ
Le nez triangulaire en drap rouille, maintenu par une piqûre de même couleur, est une réparation. Le nez d'origine devait être piqué à la main avec un fil de même teinte que celui de la bouche et des longues griffes.

BRAS
Les longs bras effilés de « Mrs Robinson » sont incurvés aux pattes, ressemblant en cela aux premiers ours Steiff.

H : 42 cm

FOURRURE : peluche mohair beige
YEUX : petits, noirs, bois, en bouton de bottine
OREILLES : grandes, espacées, basses
MUSEAU : long, pointu et effilé

NEZ : drap, triangulaire, rouille
BRAS : longs, incurvés, coussinets feutre beige, griffes
PIEDS : larges, ovales, coussinets feutre beige, griffes
REMBOURRAGE : paille de bois partout

CARACTÉRISTIQUES : la bosse inhabituelle, pointant vers le haut, distingue « Mrs Robinson » des ours américains contemporains.

« Eddie »

VERS 1903-1905 STEIFF

Le bouton nickelé uni, dans l'oreille gauche d'« Eddie », est le prototype de la célèbre marque de fabrique Steiff. Le jeune frère de Richard Steiff, Franz, en eut l'idée, et, pendant une courte période, le bouton fut estampillé avec le logo de l'éléphant. Le mot « Steiff » fut introduit le 13 mai 1905, l'année où le bouton fut breveté.

Oreilles légèrement incurvées

OREILLES
Petites et arrondies, elles sont espacées sur une diagonale de la tête aujourd'hui chauve.

YEUX
Petits yeux en bois, en bouton de bottine, très rapprochés, ce qui ajoute à son charme.

Bouche mince, en fil noir

VOIX
Le mécanisme ovale ne marche plus, mais on peut le sentir sous la fourrure. Le système de couinement en cuir fut souvent utilisé pour les premiers ours Steiff ; celui à bascule ne fut employé qu'après 1908.

BRAS
Les longs bras incurvés s'effilent vers les pattes. La partie râpée sur le bras droit marque peut-être l'endroit qu'agrippait toujours l'enfant.

Griffes en fil noir brodées à la main

GRIFFES
Sur les pattes et les pieds, les quatre griffes mordent sur la peluche.

PIEDS
Le coussinet du pied droit a été remplacé, mais celui de gauche, d'origine, montre des signes d'usure.

Coussinet d'origine en feutre beige

Museau très long

Profil *Tête ronde, long museau et dos voûté donnent à « Eddie » un air de vieux monsieur distingué.*

NEZ
Le nez triangulaire, formé de piqûres horizontales en fil noir et souligné de deux autres en diagonale, est typiquement Steiff.

MARQUE DE FABRIQUE
Le bouton uni Steiff n'est pas toujours un bon moyen de dater un ours, d'autres du même type ayant été utilisés tout au long de l'histoire de la firme.

H : 33 cm

FOURRURE : beige, usée, peluche mohair
YEUX : petits, bois, en bouton de bottine, rapprochés
OREILLES : petites, rondes, écartées
MUSEAU : mince et long, pointu

NEZ : piqué à la main, triangulaire, noir
BRAS : longs, incurvés, coussinets feutre beige, griffes
PIEDS : grands, étroits, coussinets beiges, griffes
REMBOURRAGE : paille de bois partout

Bouton uni

Marque de fabrique

« Oscar »

1904-1905 STEIFF

Après la foire de Leipzig de 1903, Richard Steiff créa deux nouveaux ours, pourvus d'un nez en gutta-percha. Le Bär 35PB était encore articulé avec du fil, mais le Bär 28PB, dont « Oscar » est un spécimen, avait des tiges métalliques, système breveté en 1905. On ne trouva le Bär 28PB que pendant une courte période, et il est d'autant plus rare.

Couture horizontale d'oreille à oreille

OREILLES
Les oreilles sont faites de deux demi-cercles en peluche, avec des coutures de chaque côté et sur le sommet de la tête.

YEUX
Les yeux en boutons de bottine en bois peint en noir sont cousus à l'extérieur des deux coutures de chaque côté de la face de l'ours.

VOIX
Ces premiers ours aux articulations métalliques étaient muets, les ours Steiff n'émettant de grognement qu'après 1905.

ARTICULATIONS
« Oscar » possède une paire de tiges en métal, munies de disques en carton aux extrémités, traversant horizontalement le corps. Ces tiges relient jambes et bras. Une autre tige métallique verticale part du milieu de la tige supérieure, reliant le corps et la tête.

Coussinet usé révélant le rembourrage de paille de bois

PIEDS
Comme beaucoup d'ours de cette période, il a de grands pieds pointus.

La bouche était probablement un V inversé

Profil *Le profil montre clairement le dos bossu et les longs bras incurvés. On voit aussi le museau à fourrure rase, presque comme un museau de renard, avec son nez moulé bien net.*

NEZ
Le nez réaliste est en gutta-percha, gomme d'autrefois, également utilisée pour la fabrication d'articles d'usage domestique.

GRIFFES
On a employé du fil noir pour broder les cinq griffes. Après 1905, les ours Steiff n'en eurent plus que quatre.

Longues pattes incurvées

REMBOURRAGE
« Oscar » est entièrement rembourré de paille de bois. Comme pour tous les ours Steiff, l'ouverture finale est dans la couture centrale devant et fermée avec un fil solide.

H : 40 cm

FOURRURE : peluche mohair beige, parfois rase
YEUX : petits, noirs, bois, en bouton de bottine
OREILLES : petites, non rembourrées, très écartées
MUSEAU : long, effilé, peluche rase

NEZ : gutta-percha, réaliste, ovale, noir
BRAS : longs, effilés, coussinets feutre beige, griffes
PIEDS : longs, pointus, coussinets feutre beige, griffes
REMBOURRAGE : paille de bois partout

Bouton avec éléphant

Marque de fabrique

« Friend Petz »

1903-1905 STEIFF

Connue également sous le nom de « Bärle », la création de Steiff ressemblait, vers 1905, davantage à un ours-poupée qu'à un vrai ours. « Friend Petz » avait un système d'articulation élaboré, une voix, et des traits plus arrondis. On le fabriqua en diverses tailles et couleurs, et la célèbre marque « bouton dans l'oreille » fut brevetée.

OREILLES
Cet ours est particulièrement original, à cause de ses oreilles, grandes et plates, fixées plutôt bas de chaque côté de la tête.

YEUX
Comme pour la plupart des premiers ours, des boutons de bottine sont utilisés pour les yeux.

Museau en peluche de mohair rase

VOIX
Malheureusement, le système de grognement des anciens ours ne marche généralement plus. En secouant ou bien en tâtant l'animal, on peut vérifier s'il existe encore un mécanisme dans le torse.

Longs bras effilés

PIEDS
Les longs pieds étroits et les chevilles bien formées sont typiques de cette période. Le renforcement de feutre rouge souvent utilisé dans les premiers ours Steiff perce à travers les coussinets.

Coussinets de feutre beige, reprisés

Profil *Le profil de « Friend Petz » montre les principaux traits de ces premiers ours, robustes et arrondis : dos rond, museau pointu, longs membres incurvés et grands pieds.*

NEZ ET BOUCHE
Tous deux ont été brodés à la main avec du fil beige et des points verticaux.

Peluche de mohair beige à longs poils

PATTES
Les pattes en cuillère sont incurvées et ont des coussinets de feutre beige.

GRIFFES
Les griffes sont marquées avec le même fil beige que la bouche et le nez.

H : 65 cm

FOURRURE : assez hirsute, peluche mohair beige
YEUX : grands, noirs, boutons de bottine, rapprochés
OREILLES : grandes, plates, non rembourrées, sur le côté
MUSEAU : long, effilé, peluche rase

NEZ : brodé à la main, en cœur, beige
BRAS : longs, incurvés, coussinets feutre beige, griffes
PIEDS : longs, étroits, coussinets feutre beige, griffes
REMBOURRAGE : paille de bois partout

MARQUE DE FABRIQUE : cet ours beige à longs poils aurait dû porter un bouton marque Steiff dans l'oreille pour être identifié facilement, mais ce dernier a malheureusement disparu.

« Maximilian »

1905 STEIFF

Baptisé « Maximilian » par l'un de ses premiers propriétaires, ce Steiff partage plusieurs des caractéristiques de « Friend Petz » (voir p. 23)*. Cependant, vers 1905, la forme de l'ours Steiff classique devenait moins réaliste, et « Maximilian » a une petite bosse et un museau plus arrondi que son cousin.*

OREILLES
Comparées à celles d'ours plus anciens, les oreilles ont changé de façon notable, à la fois par la forme et par l'angle qu'elles font avec la tête.

TÊTE
« Maximilian » a une couture en long, au milieu du museau, trait commun aux premiers Steiff, bien qu'assez rare de façon générale chez les ours. Elle est due au fait que la taille du patron de cet ours ne permettait de couper que six têtes complètes dans une largeur de tissu. La septième était donc toujours coupée en deux parties, d'où la couture au milieu de la face.

COUSSINETS
Ils ont tous été remplacés par du feutre brun foncé, pour essayer de réparer des ans l'irréparable outrage.

Petits yeux noirs, en bois, boutons de bottine

Un foulard vert ajoute une note d'élégance

Le feutre d'origine était certainement plus clair

Chevilles fines et pieds étroits

Profil *Museau et bosse sont moins importants que ceux de « Friend Petz », rappelant plus le jouet proche de la poupée que l'ours en peluche allait bientôt devenir.*

NEZ ET BOUCHE
L'un et l'autre furent récemment remplacés par de la fine laine noire ; à l'origine, c'était très certainement du fil noir.

FOURRURE
La peluche de mohair frisée cannelle est en bon état.

H : 56 cm

FOURRURE : cannelle, peluche mohair frisée
YEUX : ronds, noirs, bois, boutons de bottine
OREILLES : petites, non rembourrées, haut sur la tête
MUSEAU : prononcé, mais raccourci, peluche rase

NEZ : brodé à la main, rectangulaire, noir
BRAS : longs, coussinets feutre brun, sans griffes
PIEDS : étroits, coussinets feutre brun, sans griffes
REMBOURRAGE : paille de bois partout

Lettres en relief

Marque de fabrique

« Blissful »

1907 BRUIN MANUFACTURING CO.

Malgré l'importation de milliers d'ours allemands, les États-Unis avaient, vers 1907, monté de nombreuses firmes pour répondre à la demande des mascottes inspirées par Roosevelt. Peu d'ours américains peuvent être identifiés de façon certaine. Cependant, « Blissful » porte la marque de l'éphémère firme Bruin Manufacturing Co.

OREILLES
Comme « Mrs Robinson » d'Ideal *(voir p. 20)*, les oreilles sont écartées, au-dessus d'un front très large, et descendent en partie sur les côtés. Elles sont cependant plus petites.

YEUX
Comme tant d'ours en peluche de cette première période, « Blissful » a des petits yeux en bouton de bottine noirs, en bois.

VOIX
La partie râpée sur le devant indique l'emplacement du système de couinement, tant de fois pressé.

Peluche de mohair dorée

REMBOURRAGE
Il semble que l'on ait ajouté, à un moment donné, un rembourrage plus doux à la paille de bois d'origine, sans doute du kapok.

Étiquette tissée piquée sous le pied droit

PIEDS
« Blissful » a des grands pieds assez longs, avec des coussinets de feutre beige.

***Profil** « Blissful » a le corps typique des premiers ours américains. Son museau triangulaire est directement dans le prolongement du front, et il porte la bosse traditionnelle.*

NEZ ET BOUCHE
La bouche et le nez bien rectangulaire sont formés par des piqûres de fil noir.

BRAS
Les épaules larges se prolongent par de longs bras, s'effilant vers des pattes très minces, incurvées, et aux coussinets de feutre beige.

GRIFFES
Quatre griffes courtes sur chaque coussinet.

Griffes brodées au fil noir sur le bord des coussinets

	FOURRURE : peluche mohair longue, dorée	NEZ : brodé à la main, rectangulaire, noir
	YEUX : petits, noirs, en bouton de bottine, sur coutures	BRAS : longs, incurvés, coussinets feutre beige, griffes
	OREILLES : petites, en coupe, très écartées	PIEDS : grands, coussinets feutre beige, griffes
H : 33 cm	MUSEAU : triangulaire, en prolongement du front	REMBOURRAGE : paille de bois, kapok ajouté

Marque de fabrique

« Still Hope »

1907 AETNA TOY ANIMAL CO.

Fabriqué par l'une des nombreuses firmes américaines créées à cette époque, et qui produisait également lapins et singes articulés. Il fut baptisé d'après une ancêtre de ses propriétaires actuels, scalpée par les Indiens et laissée pour morte, mais qui guérit et vécut jusqu'à 110 ans (« still hope » signifie : toujours de l'espoir).

OREILLES
« Still Hope » a de grandes oreilles, comme celles de « Mrs Robinson » d'Ideal (*voir p. 20*), bien qu'elles ne soient pas aussi écartées que chez la plupart des premiers ours américains. Elles sont très nettement en avant de la couture de la face.

YEUX
Contrairement à beaucoup des premiers ours, « Still Hope » a des yeux en verre brun et noir, au lieu des boutons de bottine noirs traditionnels, lesquels disparurent peu à peu pendant la Première Guerre mondiale.

VOIX
Un grognement à bascule est inséré dans le corps rembourré de paille de bois.

PIEDS
Les grands pieds bien marqués, avec des coussinets ovales bien délimités, en feutre beige, sont renforcés par du carton.

Profil *« Still Hope » possède la bosse traditionnelle, des membres longs, des grands pieds et une tête triangulaire typique des tout premiers ours américains.*

NEZ
Des piqûres noires remplissent l'espace triangulaire formé par les deux coutures au bout du museau.

BRAS
Ils sont longs, avec des épaules larges et des pattes minces, légèrement incurvées.

GRIFFES
Les cinq longues griffes mordent sur la peluche en partant depuis la couture du coussinet.

H : 50 cm

FOURRURE : peluche mohair beige, assez usée
YEUX : grands, verre brun et noir, rapprochés
OREILLES : grandes, sur couture transversale
MUSEAU : pointu, en prolongement du front

NEZ : brodé main, triangulaire, noir
BRAS : longs, incurvés, coussinets feutre beige, griffes
PIEDS : grands, coussinets feutre beige, griffes
REMBOURRAGE : paille de bois partout

MARQUE DE FABRIQUE : tampon avec la marque « Aetna », entourée d'une ligne noire ovale, au centre du coussinet du pied gauche.

« Wistful »

1907 BRUIN MANUFACTURING CO.

Bien que sans marque, « Wistful » a sans doute été fabriqué à New York par Bruin, dont les rivaux, dans la même ville, étaient Ideal, Aetna, Harman Manufacturing Co. et American Doll and Toy Manufacturing Co. La peluche de mohair fut d'abord importée d'Europe, mais les États-Unis commencèrent bientôt à installer leurs propres fabriques.

OREILLES
« Wistful » a de petites oreilles rondes qui, comme celles de « Blissful » de Bruin (*voir p. 25*), sont très écartées sur le front.

Bord de l'oreille pris dans la couture de la face

YEUX
Contrairement à « Blissful », « Wistful » a des yeux en verre brun et noir, dont l'un a probablement été remplacé. Ils sont fixés dans la couture allant de l'oreille au nez.

Bouche incurvée vers le haut

FOURRURE
La peluche de mohair à longs poils fut sûrement fabriquée localement. Il fallut élever des milliers de chèvres angoras pour répondre à la demande sans cesse grandissante. Le même mohair recouvre museau, tête et corps.

Courtes griffes noires

PIEDS
Grands, ils sont un peu plus étroits que ceux des autres ours américains de la période. Longs coussinets de feutre beige.

Profil *La face ressemble à celle d'un petit renard, au museau aigu et triangulaire. Le corps allongé est typique des premiers ours américains.*

Œil en verre remplacé

NEZ
Le bout du museau est piqué verticalement avec du fil noir pour former un long nez rectangulaire. C'est le travail d'un réparateur.

Museau assez usé

BRAS
« Wistful » a de longs bras effilés incurvés à l'endroit du poignet. Les pattes ont un grand coussinet de feutre beige.

GRIFFES
Pattes et pieds ont cinq griffes noires brodées. Les points assez courts sont faits à partir de la couture en travers de la peluche.

Coussinets de feutre beige assez usés

H : 37 cm

FOURRURE : peluche mohair dorée, longs poils
YEUX : petits, bruns, pupille noire, en verre
OREILLES : petites, rondes, espacées, dans couture
MUSEAU : pointant, en prolongement du front

NEZ : brodé main, rectangulaire, noir
BRAS : longs, effilés, coussinets feutre beige, griffes
PIEDS : grands, étroits, coussinets feutre beige, griffes
REMBOURRAGE : paille de bois partout

CARACTÉRISTIQUES : nez inhabituel, long et rectangulaire, différant des nez carrés plus courants. Les piqûres verticales sont une réparation.

« Avalon »

VERS 1910 GEBRUDER BING

Après 1905, pour répondre à la demande qui augmentait de façon spectaculaire, le fabricant allemand Gebrüder Bing produisit sa version personnelle de l'ours en peluche. La firme commercialisait des objets domestiques en fer-blanc, depuis 1865, et s'était tournée vers la production de jouets émaillés et à mécanisme à la fin du XIXe siècle.

OREILLES
Contrairement à la plupart des ours Steiff de l'époque, les oreilles sont assez basses.

Tête typiquement incurvée

YEUX
Remplacés, ils sont semblables aux boutons de bottine noirs d'origine.

NEZ ET BOUCHE
Les piqûres verticales formant le nez sont d'origine, mais la bouche a été réparée avec du fil noir assorti.

GRIFFES
« Avalon » a encore quatre griffes en fil sur chaque pied. Celles des pattes se sont décousues.

PIEDS
Les grands coussinets de feutre beige sont renforcés avec du carton épais pour qu'« Avalon » puisse se tenir debout.

Oreilles rondes et rigides

***Profil** La forme de cet ours Bing est nettement plus ronde que celle de ses contemporains. Pattes et pieds sont plus courtauds que ceux des ours Steiff.*

FOURRURE
La peluche de mohair bouclée est en parfait état, même si le museau ras est un peu râpé par endroits.

Pattes élégantes recouvertes de feutre

BRAS
Les bras sont légèrement incurvés, dans la tradition des premiers ours.

H : 57 cm	FOURRURE : peluche mohair beige, bouclée	NEZ : brodé main, fil noir	MARQUE DE FABRIQUE : les ours de ce genre devaient avoir sur l'oreille une flèche de métal portant GBN ou un bouton sur le corps. « Avalon » porte la flèche.
	YEUX : moyens, noirs, plastique, boutons de bottine	BRAS : longs, coussinets feutre beige, griffes	
	OREILLES : petites, rondes, haut au-dessus couture	PIEDS : grands, ovales, coussinets feutre beige, griffes	
	MUSEAU : raccourci, pointu, mohair ras	REMBOURRAGE : paille de bois partout	

« Bing Oh ! »

VERS 1911 GEBRUDER BING

Vers 1909, Steiff intenta une action contre Gebrüder Bing, probablement alors la plus importante fabrique de jouets du monde, pour lui interdire d'utiliser le « bouton dans l'oreille » comme marque. La flèche de métal le remplaça, jusqu'à ce que Steiff l'autorise sous le bras, mais sans utilisation du mot « bouton ».

OREILLES
« Bing Oh ! » a de grandes oreilles rondes très écartées et fixées vers l'arrière, placées bas sur les côtés.

YEUX
Les boutons de bottine traditionnels sont utilisés pour les yeux fixés dans les coutures.

Museau en peluche rase

VOIX
Un grognement à bascule est ici inséré dans le corps rembourré en paille de bois.

MARQUE DE FABRIQUE
Une flèche de métal sous le bras droit de cet ours fut tout ce que Steiff permit à la firme rivale. Le mot « bouton » resta la propriété de Steiff.

PIEDS
Les grands pieds ont de longs coussinets étroits, comme ceux de « Friend Petz » *(voir p. 23)* et « Maximilian » *(voir p. 24)*, tous deux ours Steiff des débuts.

Profil *L'angle de vue permet ici d'apprécier la ressemblance de « Bing Oh ! » avec les ours Steiff de la même période : museau pointu, bosse du dos, longs membres et grands pieds.*

NEZ ET BOUCHE
Le nez est brodé main avec des points verticaux de fil noir. La bouche est en forme du V inversé traditionnel, avec quelques points verticaux la reliant au nez.

BRAS
Les très longs bras effilés incurvés vers les pattes ressemblent à ceux des ours Steiff.

Coussinets en cuir brun remplaçant ceux en feutre d'origine

Peluche de mohair à longs poils, brun foncé

H : 53 cm

FOURRURE : peluche mohair longue, brun foncé
YEUX : moyens, noirs, boutons de bottine en bois
OREILLES : grandes, rondes, écartées
MUSEAU : pointu, peluche de mohair rase
NEZ : brodé main, triangulaire, noir
BRAS : incurvés, coussinets cuir brun, sans griffes
PIEDS : grands, coussinets cuir brun, sans griffes
REMBOURRAGE : paille de bois partout

Marque de fabrique

« Miss Nightingale »

1912 ANGLAIS

On sait que cet ours sans marque fut fabriqué en Angleterre avant la Première Guerre mondiale, ce qui contredit la théorie affirmant que les premiers ours étaient tous allemands ou américains. Les firmes anglaises créaient des jouets en peluche dès la fin du XIXe siècle, avec la peluche produite dans les villes de Huddersfield et de Dewsbury.

OREILLES
Elles sont très différentes de celles des ours allemands. Elles sont froncées dans le bas, et toute l'oreille est fixée à l'intérieur des coutures de la face.

YEUX
Les yeux, très inhabituels, consistent en deux morceaux de métal ronds et convexes, peints en noir. Un anneau derrière l'œil est fixé dans la couture, à l'endroit où la face devient museau.

NEZ ET BOUCHE
Quelques points horizontaux de laine noire fine forment le nez et la bouche.

PIEDS
Ils sont considérablement plus petits et plus ronds que ceux des Steiff de cette période. Les coussinets de feutre beige en forme de poire ne sont pas doublés. Le gauche est usé ; le droit a été remplacé.

***Profil** « Miss Nightingale » a un profil long et mince. La bosse du dos est à peine suggérée, contrairement aux autres ours de cette période.*

TÊTE
La forme triangulaire de sa tête et son large front haut rappellent plus son cousin américain que son cousin allemand.

GRIFFES
Chaque pied et patte présente les restes de cinq griffes noires.

JAMBES
Les jambes paraissent avoir été faites avec du tissu d'une seule pièce.

H : 47 cm

FOURRURE : peluche mohair dorée, poils courts
YEUX : petits, noirs, boutons de métal
OREILLES : petites, rondes, froncées à la base
MUSEAU : pointu, mince, tourné vers le bas

NEZ : brodé main, rectangulaire, noir
BRAS : effilés, coussinets feutre beige, griffes
PIEDS : courts, coussinets feutre beige, griffes
REMBOURRAGE : paille de bois partout

CARACTÉRISTIQUES : ours droit, mince ; long corps aux hanches étroites, à la poitrine large, bras assez courts par rapport à ses contemporains.

« Marmaduke »

VERS 1913 WILLIAM J. TERRY

On pense que cet ours a été fabriqué par William J. Terry, l'un des pionniers de l'industrie anglaise du jouet en peluche. Il existe une photographie d'ours semblables produits par cette firme, installée dans l'est de Londres, les montrant exposés pour la vente dans le premier grand magasin de Londres, Whiteleys, dans le West End.

OREILLES
Semi-circulaires, plus larges que les petites oreilles impertinentes de l'ours anglais de 1912 *(voir p. 30)*, elles sont également perchées à chaque « coin » de la tête triangulaire.

Grands yeux écarquillés, avec une expression implorante

YEUX
Le fond des yeux en verre transparent est peint d'un rose assez inhabituel. Les photos de l'époque montrent des jouets en peluche aux yeux en verre dans les catalogues de William J. Terry.

VOIX
En appuyant sur le ventre, on sent un mécanisme, probablement à bascule *(voir pp. 14-15)*, mais hors d'usage.

PIEDS ET PATTES
Deux épaisseurs de tissu fin, aujourd'hui décoloré et légèrement abîmé, font ici office de coussinets. Ils remplacent peut-être ceux d'origine ou sont des restes de doublure.

Longs pieds ovales

Profil *Le corps droit et tubulaire et l'étrange bosse de polichinelle rendent cet ours unique.*

NEZ ET BOUCHE
Nez et bouche sont formés avec de la fine laine d'un vert bronze. La couleur est inhabituelle et les points sont sans doute l'œuvre d'un réparateur.

Peluche de mohair blonde, soyeuse, à longs poils

GRIFFES
La laine bronze des griffes vient sans doute d'une réparation ; les points d'origine étaient très probablement noirs.

Longs bras incurvés

H : 40 cm

FOURRURE : peluche mohair blonde, longue, soyeuse
YEUX : grands, verre transparent, fond peint en rose
OREILLES : petit demi-cercle, haut sur la tête
MUSEAU : pointu, court au bout, ras

NEZ : cousu main, rectangulaire, laine bronze
BRAS : longs, coussinets tissu décoloré, griffes
PIEDS : grands, coussinets tissu décoloré, griffes
REMBOURRAGE : paille de bois partout

MARQUE DE FABRIQUE : sans marque. Les ours de William J. Terry avaient souvent une étiquette avec « Terryer Toys », que « Marmaduke » portait peut-être.

« Bobby »

1908 STEIFF

En 1908, Steiff créa le Maulkorb-Bär, *caractérisé par une muselière de cuir et une laisse, inspirées par les ours danseurs que l'on voyait sur les places des villes d'Europe centrale. Fabriqué en brun ou blanc, l'ours existait en dix tailles. En 1990, Steiff fit une copie de l'ours blanc muselé.*

YEUX
Les petits yeux noirs en bouton de bottine sont communément utilisés par les fabricants, Steiff en particulier, pendant cette période.

VOIX
« Bobby » possède un mécanisme de couinement, mais hors d'usage à présent. C'est à cette époque que Steiff commença à utiliser les premiers systèmes à bascule.

ACCESSOIRES
La muselière de « Bobby » est en cuir, noirci par l'âge. Elle est maintenue par des boutons ronds ressemblant aux boutons faits de métal uni et utilisés comme marque de fabrique sur les premiers ours Steiff. Elle est fixée au dos par une boucle, et une laisse y est attachée.

MARQUE DE FABRIQUE
« Bobby » porte un bouton Steiff 1905-1950, avec le nom de la firme.

PIEDS
Les grands pieds portent des coussinets de feutre beige de remplacement, proche de la couleur d'origine.

Petites oreilles rondes, bien séparées

Bouche en V inversé typique, cachée par la muselière

Peluche de mohair brun clair

Profil *On voit bien, sous cet angle, les membres prononcés, la muselière de cuir et ses attaches, ainsi que la laisse, aujourd'hui cassée.*

NEZ
Le nez triangulaire est brodé avec du fil noir. Les points sont les mêmes que ceux utilisés pour former le nez d'« Eddie » *(voir p. 21)*.

BRAS
Ils sont longs, effilés, avec des pattes incurvées et des coussinets de remplacement en feutre beige.

GRIFFES
Les quatre griffes de fil sont cousues sur la peluche de chaque patte.

H : 26 cm

FOURRURE : peluche mohair brun clair
YEUX : petits, noirs, bois, boutons de bottine
OREILLES : petites, rondes, écartées
MUSEAU : long, pointu, muselière de cuir

NEZ : brodé main, triangulaire, noir
BRAS : longs, incurvés, coussinets feutre beige, griffes
PIEDS : grands, coussinets feutre beige, griffes
REMBOURRAGE : paille de bois partout

Lettres en relief

Marque de fabrique

« Othello »

1912 STEIFF

« Othello » fait partie d'une série d'ours noirs produits par Steiff, disponibles en cinq tailles et en peluche de mohair à poils longs ou courts. Ceux à longs poils, comme « Othello », sont les plus rares, puisqu'il n'en fut fabriqué que 494. En 1907, Steiff fit un autre ours noir, à griffes rouges et nez en gutta-percha.

OREILLES
Grandes, écartées et maintenues dans les coutures, elles sont comme celles de beaucoup des premiers ours Steiff.

Le feutre orange rend les yeux plus proéminents

YEUX
Chaque œil, noir, en bouton de bottine, est fixé sur un cercle de feutre orange. Et cette caractéristique est unique puisque, après 1907, le feutre disparut chez l'ours noir Steiff.

MARQUE DE FABRIQUE
« Othello » porte le célèbre « bouton dans l'oreille » Steiff, utilisé de 1905 à 1950.

PIEDS
Les grands pieds ont de longs coussinets étroits de feutre beige. Il n'y a pas de griffes : le fil noir assorti à celui du nez qui aurait dû normalement être utilisé se serait confondu avec la couleur sombre de la fourrure.

Pieds en parfait état

Profil *Longs membres, museau qui avance et yeux en boutons de bottine et feutre inhabituels, bien visibles de profil.*

NEZ ET BOUCHE
Le nez brodé main, très large et rectangulaire, est fait de points verticaux en fil noir. La bouche piquée est en V inversé.

BRAS
Les bras d'« Othello » sont longs, effilés et incurvés de façon traditionnelle, avec des coussinets en feutre beige en parfait état.

Peluche de mohair noire à longs poils

H : 48 cm

FOURRURE : peluche mohair noire, longue, ébouriffée
YEUX : moyens, noirs, boutons de bottine sur feutre
OREILLES : grandes, écartées, fixées dans coutures
MUSEAU : raccourci, en avant, ras

NEZ : brodé main, rectangulaire, noir
BRAS : incurvés, coussinets feutre beige, sans griffes
PIEDS : grands, longs coussinets feutre beige, sans griffes
REMBOURRAGE : paille de bois partout

Lettres en relief

Marque de fabrique

L'Explosion

La Première Guerre mondiale eut une grande influence sur l'industrie du jouet, dont l'Allemagne avait le monopole depuis le XIXe siècle. Les frontières étant fermées et les importations allemandes bannies dans beaucoup de pays européens, les fabricants germaniques se trouvèrent dans une passe difficile. La voie était ouverte au développement de l'industrie du jouet en peluche dans d'autres contrées. La firme française Thiennot sortit l'un de ses premiers ours en 1919. En Angleterre, plusieurs sociétés s'établirent pendant la guerre, en utilisant la peluche de mohair tissé au Yorkshire et autrefois exportée en grande partie vers l'Allemagne. Dans les années 20, les ours produits par l'Angleterre comptaient parmi les plus beaux.

△ ***Témoignages convoités***
Les photos d'ours en compagnie de leur premier propriétaire sont recherchées par les collectionneurs.

Les Firmes Britanniques

L'année 1914 marqua l'arrêt de la production d'ours allemands. Beaucoup d'usines se tournèrent vers la fabrication d'articles pour l'effort de guerre. Les deux associés de la nouvelle firme Schreyer and Co., installée à Nuremberg, partirent à la guerre, ainsi que les trois directeurs de Steiff. En Angleterre, à l'inverse, plusieurs fabriques de jouets s'établirent, dont certaines se consacrèrent à l'ours en peluche. Ainsi, William Henry Jones, à l'origine représentant de fabricants de poupées allemands, se retrouva sans travail pour cause de guerre et se tourna donc vers l'ours en peluche. De même, l'East London Federation Toy Factory, fondée par Sylvia Pankhurst, fit partie des nouvelles compagnies fondées en 1914.

▽ ***Fait maison***
Ours anglais artisanal.

Les Marques de Fabrique

Beaucoup de ces firmes avaient des marques déposées, comme Madingland de la South Wales Manufacturing Co. ou Fondle Toys de Joseph Burman's Zoo Toy Co. Elles étaient rarement fixées à l'ours de façon permanente, ce qui crée quelques problèmes pour les collectionneurs. L'étiquette volante « Mr Teddy » de la firme installée à Liverpool, Messrs Gray & Nicholls, est connue grâce aux photographies des catalogues commerciaux. Ces catalogues, tels que le *British Games and Toys*, *The Toy Trader* ou l'*American Playthings*, sont d'un grand secours pour la recherche. Vers 1930, les firmes les plus importantes de l'industrie anglaise du jouet en peluche étaient installées, chacune avec ses marques brevetées, souvent sous forme de boutons ou d'étiquettes brodées permanents, une aubaine pour le collectionneur d'aujourd'hui. A1 de Dean's et Alpha de Farnell

△ ***Marque Hermann***
Marque 1911-1929 utilisée par la firme Sonneberg.

▽ ***Nouvelle compagnie***
La Teddy Toy Co. fut fondée à Londres en 1914.

▽ ***Des temps difficiles***
Les années de guerre furent pénibles pour les ouvriers de Steiff.

△ **Étiquette de poitrine**
« Ges. gesch » *sur cette marque signifie : « protégé légalement ».*

△ **Futur collectionneur**
Plummy avec sa toute jeune propriétaire, qui devait plus tard collectionner et restaurer les ours.

étaient bien implantés. Vers 1920, la fabrique de jouets en peluche Chad Valley's Wrekin à Wellington, Shropshire, ouvrit ses portes, et H.G. Stone & Co. produisit dans son usine de Chesham sa série d'ours Chiltern. Quelque dix ans plus tard, Merrythought se joignit à leurs rangs, résultat de l'association de W.G. Holmes et G.H. Laxton. 1937 vit la création d'une autre fabrique d'ours importante, Pedigree Soft Toys, ainsi que la disparition de W.H. Jones. Cela signa la fin de nombreuses petites firmes, incapables de combattre la forte concurrence et la dépression économique.

Les Nouveaux Matériaux

L'utilisation de nouveaux matériaux changea la forme et le contact de l'ours en peluche. Les firmes anglaises préféraient de beaucoup le kapok, non seulement pour ses qualités de douceur, de légèreté et d'hygiène, mais aussi parce qu'on pouvait l'acheter à bon marché dans les pays de l'Empire britannique. Bientôt apparurent les ours à la fourrure de peluche de soie artificielle, tissée avec des fibres extraites de la cellulose de plantes ligneuses, le plus souvent teinte de couleurs très variées. Dès 1919, la Wholesale Toy Co. proposait un ours rose.

La Seconde Guerre Mondiale

La Seconde Guerre mondiale eut un effet spectaculaire sur la fabrication des ours. L'arrivée au pouvoir de Hitler, en 1933, sema le désarroi dans les entreprises de jouets et les maisons d'exportation. En Angleterre, la firme Farnell fut bombardée et la production de beaucoup de compagnies se réduisit peu à peu aux articles essentiels. Dean's commercialisa des gilets de sauvetage, et Merrythought des doublures de casques, enveloppes de bouillottes et sacs à masque à gaz. Certaines firmes, comme Chad Valley, eurent le droit de diffuser un quota limité de jouets. De façon assez touchante, leur publicité de 1942 montre un ours accompagné de ces mots : « Même si sa fourrure est plus rase et son rembourrage moins doux qu'en temps de paix, autant de soin est consacré à sa fabrication... »

△ **Mascotte**
Amy Johnson (1903-1941), pionnier de l'aviation anglaise, avec son ours mascotte.

▷ **A1 Toys**
Marque de Dean's Rag Book Co. dans les années 20.

△ **Marque H.G. Stone**
« Chiltern » *se réfère à l'emplacement de l'usine.*

▽ **Ours refuge**
L'ours en peluche était un grand réconfort pour les enfants évacués pendant la Seconde Guerre mondiale.

△ **Cartes postales**
Les cartes postales d'ours sont recherchées des collectionneurs.

LES MATÉRIAUX

Avec le temps, les membres de l'ours se raccourcirent, son corps s'arrondit et son museau devint moins prononcé. La peluche synthétique en rayonne ou nylon apparut, les yeux en verre devinrent courants et le kapok fut utilisé comme rembourrage, donnant ainsi un jouet plus confortable. Pendant les deux guerres, la peluche de mohair disparut et le kapok se raréfia, il fallut donc trouver des substituts.

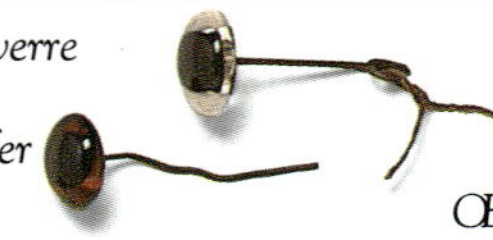

Yeux en verre avec tige en fil de fer

Boutons de bottine

Œil en verre transparent

Yeux en verre sur anneaux en fil de fer

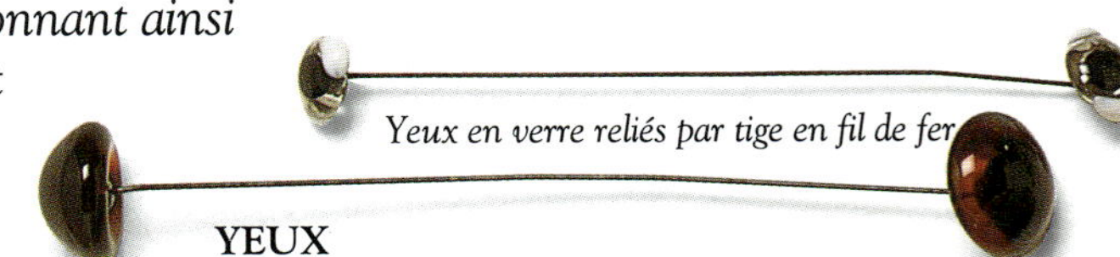

Yeux en verre reliés par tige en fil de fer

YEUX
On utilisa les boutons de bottine jusque dans les années 20, bien que Steiff employât le verre dès 1921 : les yeux en verre tenaient par des petits anneaux ou des tiges en fil de fer.

Vers 1930, ANGLAIS
Yeux en verre, coussinets en velours et rembourrage en kapok étaient des nouveautés pour cet ours anglais, mais la peluche était encore en mohair.

LAINE ET FIL
Pendant la Seconde Guerre mondiale, le rationnement des matières premières ralentit la production des ours, et les parents se mirent à tricoter des jouets avec de la laine récupérée.

Peluche de mohair de soie tissée vers 1930

TISSU
La peluche de mohair continua à être employée, mais l'invention des fibres artificielles fut une révolution. Vers 1920, on utilisa la peluche de soie artificielle (peluche de rayonne) ; la première fibre entièrement synthétique, le nylon, fut inventée en 1938.

Peluche mohair tissé

Peluche mohair tissé et synthétique

Peluche nylon acrylique tissé

Peau de mouton

Peluche soie artificielle (peluche de rayonne)

ARTICULATIONS
L'association de disques en métal et en carton resta la même pour le système d'articulation de certains ours *(voir p. 14)*.

Coton à broder

Fil pour piqûres machine

Carton

Feutre

Velours de coton

Coton tissé

Rexine

COUSSINETS PATTES ET PIEDS
Le carton était employé pour renforcer les pieds des premiers ours, mais il est particulièrement typique des années 20 et 30. Les griffes (comme le nez et la bouche) étaient cousues avec du coton à broder.

COUSSINETS FEUTRE ET TISSU
Pendant cette période, on utilisait le feutre pour faire les coussinets, mais également d'autres matériaux : velours de coton, coton et pilou ainsi que Rexine, marque déposée pour une sorte de mousseline traitée ou toile cirée employée par les fabricants anglais depuis 1930 environ.

Intérieur de grognement à bascule

Couinement

COUINEMENT
Le système de couinement en carte ovale et toile cirée était encore utilisé pendant cette période.

GROGNEMENT A BASCULE, ANNÉES 20
Ce système avec un soufflet articulé, à poids, fut utilisé jusque vers 1920, mais les étuis en carton devinrent plus élaborés, un couvercle en carton perforé remplaçant la gaze.

Grognement à bascule avec couvercle en carton perforé

Mécanisme de grognement à bascule

Poids en porcelaine

Soufflet en toile cirée

GROGNEMENT A BASCULE, ANNÉES 30
Dans ce nouveau système, un poids en porcelaine actionnait le soufflet, en faisant passer l'air sur l'anche et à travers une membrane en papier ciré.

Kapok

Paille de bois

Bourre et paille de bois

Bourre

REMBOURRAGE
La paille de bois était encore utilisée, mais le kapok, alors célèbre par son emploi dans les gilets de sauvetage de la Première Guerre mondiale, fut bientôt préféré. Ses fibres creuses et soyeuses n'attirent ni les insectes, ni la vermine, ni les bactéries, et donnent un matériau hygiénique, léger et très confortable. Après 1939, le kapok se raréfia et l'on mit au point un substitut appelé bourre, à partir des matériaux de récupération des usines textiles.

Boîte à musique

Intérieur de boîte à musique

Couvercle de boîte à musique

BOITES A MUSIQUE
Vers 1930, beaucoup d'ours contenaient des boîtes à musique fonctionnant d'après le principe suisse du cylindre à picots et du peigne. La *Berceuse* de Brahms et *Le Pique-nique des Ours* étaient les airs les plus courants.

LES TENUES VESTIMENTAIRES

Avec l'arrivée des bandes dessinées des journaux et des personnages de dessins animés, les fabricants de jouets en peluche délaissèrent les animaux réalistes pour les caricatures de chats, chiens, lapins et ours ; les vêtements de certains de ces jouets étaient aussi humoristiques que leur expression. Pendant les années 20 et 30, les ours en peluche furent fabriqués avec habits « incorporés » et ne pouvaient pas être déshabillés. Les patrons de tricot pour ours, paraissant dans un nombre toujours croissant de magazines féminins, étaient très appréciés. Pendant les deux guerres, les nounours devinrent des mascottes patriotes et furent alors vêtus d'uniformes militaires.

△ ***Hollandais***
Vers 1930, le pantalon hollandais était très populaire.

LES OURS CLOWNS

Pendant les années 20 et 30, la demande d'ours habillés fut importante aux États-Unis. Steiff produisit des ours en costume, fabriqués spécialement pour le marché américain, comme Teddybu, en peluche blanche, blonde ou brun foncé. Son Teddy Clown de 1926-1928 existait en onze tailles, en peluche rose, jaune ou brune, avec sa collerette et son chapeau de Pierrot. On trouvait aux États-Unis des ours en habit de clown depuis 1907 environ, qui devaient leur popularité aux personnages d'ours clowns des livres *Roosevelt Bears* de Seymour Eaton. Le trousseau complet disponible aux États-Unis dans les années 30 comprenait souvent une tenue de clown. Ces trousseaux consistaient en une malle de vêtements contenant, par exemple, un habit de Peau-Rouge, de cow-boy, de Tyrolien, mais également un costume de ski.

◁ ***Feutres mous***
Pendant cette période, certains ours portaient des chapeaux mous.

△ ***Page***
La tenue de page de cet ours Chiltern fait partie intégrante du corps. Fabriqué dans les années 30, il était aussi disponible en peluche rose.

▷ ***Habits « maison »***
Le costume et le béret rouge de cet ours furent tricotés avec amour en 1944, par son propriétaire, alors âgé de 7 ans. Bien des ours furent ainsi habillés pendant la guerre.

▷ ***Masque à gaz***
Masque à gaz pour ours, en fer-blanc et toile cirée.

△ **Ours nus des années 30**
Les ours destinés à être habillés n'avaient pas de fourrure sur le corps.

LES OURS SOLDATS

La Première Guerre mondiale inspira un grand nombre de mascottes patriotiques, dont l'ours en peluche. La mode fut donc aux uniformes identiques à ceux d'un père, mari, frère ou bien fiancé parti au front. Beaucoup de gens les créèrent eux-mêmes et certains sont toujours portés par les ours soldat et marin exposés respectivement au Pollock's Toy Museum et au musée de l'Enfance de Bethnal Green, tous deux à Londres. Les ours habillés de vêtements russes étaient particulièrement populaires. En 1915, par exemple, la London Toy Co. fabriqua Ivan, le petit soldat russe.

LES OURS ALLIÉS

Quelques uniformes furent commercialisés. Les plus célèbres sont ceux portés par les Ours Alliés, charmante collection d'exemplaires habillés des divers uniformes des forces alliées et fabriqués par une firme londonienne, Harwin and Co., à partir de 1915. Conçus par la fille du directeur, Dorothy Harwin, ils comprenaient un marin et un amiral britanniques, une infirmière de la Croix-Rouge, et différents soldats, dont un Écossais en kilt, avec bourse en peau et guêtres, et un Australien portant le chapeau à large bord relevé, penché sur l'oreille. On trouve rarement aujourd'hui des Ours Alliés en bon état, bien que l'on puisse encore en voir un au musée de l'Enfance de Sudbury Hall, Angleterre.

△ **Tenue de régiment**
Pendant la Seconde Guerre mondiale, cet ours Steiff de 1905 porta l'uniforme du régiment écossais, le Black Watch.

▷ **Master Teddy**
Cet ours de 1915, avec ses yeux globuleux typiques, était produit par la Chiltern Toy Works de Chesham, devenue plus tard H.G. Stone & Co. Ltd.

L'ÉVOLUTION

Entre les deux guerres, la demande se fit pressante pour les ours fantaisie. Les grandes firmes commercialisèrent de nombreux modèles à mécanisme, qu'il est difficile au collectionneur d'identifier, les sujets étant souvent semblables, et la marque de fabrique généralement absente. Les ours miniatures Schuco, de couleurs variées, étaient populaires. Les ours musicaux, habillés en clowns, par exemple, furent produits aux États-Unis et en Europe, et en Angleterre l'ours fut même gratifié d'une chanson bien à lui, en 1930.

△ ***Ours à mécanisme***
Ours Steiff 1915, à pirouette.

△ ***Ours à deux faces***
Modèle Schuco des années 30.

LES NOUVEAUX MODÈLES D'OURS

De l'interdiction de vente en Angleterre des marchandises allemandes pendant la Première Guerre mondiale, et du développement de l'industrie du jouet en peluche qui en découla, résultèrent diverses transformations du modèle de base de l'ours en peluche. En 1916, la British Doll and Novelty Co. produisit l'ours à exercices : les muscles de l'enfant devaient se fortifier progressivement en écartant les bras de l'ours, munis de ressorts. En 1918, Messrs Isaacs and Co. firent le Spring Leg Teddy Bear, qui avait de très longues jambes et des chaussures Wellington équipées de leurs ressorts brevetés « Isa », actionnés en tirant sur sa laisse. Une série de modèles en peluche de mohair bourrés de kapok, appelés Bendy Bears, furent créés par Deans au début des années 20. Chacun avait une ossature métallique interne qui permettait de manœuvrer l'ours. H.G. Stone copia les ours Schuco, qui hochaient doucement la tête. Sa propre série Wagmee vit le jour à la fin des années 30, et Steiff en fabriqua également de semblables.

▽ ***Ours compact***
Compact fabriqué vers 1930 par Schuco, comprenant miroir, poudrier et tige centrale pour tenir un rouge à lèvres. D'autres ours Schuco étaient destinés à contenir du parfum.

◁ ***Ours bicolore***
La fourrure est teinte pour évoquer un clown. Les ours bicolores étaient très populaires.

▷ ***Ours patineur***
Créé par Bing, il date de 1915. L'étiquette en métal, marque de la firme, est dans l'oreille droite.

△ ***Disque des années 30***
The Teddy Bears Picnic

LES OURS A MÉCANISME

Les ours à mécanisme de cette époque sont très probablement les plus intéressants et, s'ils sont en bon état, atteignent des prix élevés. Le collectionneur doit rechercher tout particulièrement l'Ours marcheur de Gebrüder Bing, de 1915 environ. Une grande clé sur l'estomac actionnait son mécanisme. Bing, ainsi que Steiff et Schuco, produisit également des ours culbuteurs. Bing et Schuco sortirent des ours patineurs, peut-être inspirés par Alice Teddy, un véritable ours qui, avant la Première Guerre mondiale, faisait du patin à roulettes aux États-Unis. L'Ours patineur Schuco portait un uniforme en feutre et une casquette ; ses grands pieds en métal étaient fixés à des roues. Au milieu des années 20, Steiff sortit son Urteddy, semblable au premier modèle à roulettes *(voir pp. 18-19)*, mais avec mécanisme fixé au châssis. On fabriqua d'autres ours à roulettes, comme Teddy Baby *(voir p. 49)* et Baby Bear. Dans les années 20 et 30, l'animal fut transformé en récipient. Steiff fut le tout premier à innover ainsi, avec ses bourses et ses couvre-théière très originaux en forme d'ours. A Londres, J. and A. J. Burman sortit son Teddy to-T, dont le ventre creux pouvait être utilisé comme une sorte de petite valise.

◁ ***Galette de groom***
Cette toque – galette – de groom est un peu usée, mais la courroie de cuir est en bon état.

△ ***Sac***
Cet ours Schuco porte un sac en cuir maintenu par une lanière en travers de la poitrine. Il est très rare de trouver ce modèle avec ses accessoires intacts.

◁ ***Ours groom***
Ours Schuco datant de 1923. Entièrement articulé, il porte la très élégante livrée en feutre d'un groom. Sa queue permet d'actionner la tête, et sa poitrine abrite un système de couinement. Il est d'autant plus rare qu'il est en parfait état et possède sa marque de fabrique.

△ ***Masque à gaz et étui***
Étui de masque à gaz avec ours en peluche habillé de feutre, destiné à réconforter les petits Anglais pendant la Seconde Guerre mondiale.

« Louise »

1921 STEIFF

Pendant la Première Guerre mondiale, l'usine Steiff ne produisit que du matériel militaire : munitions, pièces détachées d'avions et masques à gaz pour chevaux. Mais, après la fin des hostilités, l'usine redémarra avec une efficacité accrue (grâce à un système de tapis roulant venu d'Amérique en 1921) et produisit à nouveau des ours comme « Louise ».

OREILLES
Comme celles des premiers Steiff, les oreilles sont relativement grandes, rondes et assez écartées.

Yeux rapprochés

YEUX
Dès 1921, les Steiff avaient des yeux en verre. Le fond peint de ceux, transparents, de « Louise » est brun, avec une pupille noire.

MARQUE DE FABRIQUE
« Louise » possède un bouton Steiff standard 1905-1950, derrière lequel on peut voir les restes d'une étiquette en tissu blanc, utilisée entre 1910 et 1926.

La peluche de mohair blanche rend l'ours rare et digne d'une collection

PIEDS
Les pieds demeurent encore relativement grands et les chevilles fines, traits typiques des ours Steiff.

Membres un peu plus courts que ceux des ours produits avant 1914

Profil *Bien que « Louise » ait des jambes un peu plus courtes que celles des premiers ours Steiff, elle en garde la forme traditionnelle, avec le long museau pointu, les bras très allongés et la bosse du dos.*

NEZ ET BOUCHE
Le nez, rectangulaire, est fait de points verticaux. (Les premiers ours avaient un nez triangulaire avec des points horizontaux.) Quelques piqûres du centre s'allongent pour atteindre la bouche en V.

BRAS
Les bras sont longs et incurvés, bien dans le style des premiers Steiff.

GRIFFES
Quatre griffes en fil marron assorti au nez sont brodées sur les pieds et pattes.

H : 39 cm

FOURRURE : peluche mohair blanche, ébouriffée
YEUX : petits, verre transparent, fond brun
OREILLES : grandes, rondes, écartées
MUSEAU : un peu relevé, protubérant

NEZ : brodé main, rectangulaire, brun
BRAS : longs, incurvés, coussinets feutre crème, griffes
PIEDS : grands, longs, coussinets feutre crème, griffes
REMBOURRAGE : paille de bois et kapok

Lettres en relief

Marque de fabrique

« Mr Fluffy »

1923 CHAD VALLEY

Cet ours fut fabriqué à l'usine Wrekin, à Wellington, Shropshire, par la firme de jouets anglaise Chad Valley. L'entreprise commença à se spécialiser dans les jouets en peluche en 1920. « Mr Fluffy » est l'un de ses premiers ours, il porte la marque Aerolite, indiquant un rembourrage en kapok.

YEUX
Ses yeux ambre à la pupille noire sont en verre et tenus par des tiges en fil de fer. Ils sont cousus en place.

VOIX
La boîte ronde qui émettait un genre de couinement, et que l'on peut sentir sur le devant du corps, est hors d'usage.

REMBOURRAGE
Aerolite est la marque déposée du kapok utilisé pour rembourrer les ours de cette période. Ici, les membres sont garnis de kapok, mais tête et corps contiennent sans doute un mélange de kapok et de paille de bois, plus compact.

MARQUE DE FABRIQUE
Le petit bouton de métal à centre de celluloïd blanc cassé porte la marque Aerolite. Le bouton exploité par Chad Valley entre 1923 et 1926 était destiné à imiter, sans violer la loi, la célèbre marque Steiff.

Du carton épais renforce les coussinets en velours de coton

PIEDS
La plante est plus ovale que celle des pieds des premiers ours Steiff.

Grandes oreilles plates sur les côtés

Profil *Le front rond et bombé, le museau proéminent mais raccourci, la bosse moins accentuée et les bras plus courts, toutes ces caractéristiques indiquent l'apparition d'une nouvelle forme d'ours.*

NEZ ET BOUCHE
Le nez triangulaire est fait, surtout, de piqûres verticales, avec quelques points horizontaux dans le haut. A l'origine, le nez était noir, mais, avec les années, le fil s'est décoloré par endroits. La bouche en V inversé se retrousse légèrement en un charmant sourire.

Quatre points noirs sur chaque patte forment les griffes

FOURRURE
Un mohair doré long, ras sur le museau, est utilisé pour la plus grande partie de l'ours.

Chaque pied porte cinq griffes

Bras légèrement plus courts que ceux des premiers ours

H. : 40 cm

FOURRURE : peluche mohair dorée, longue, soyeuse
YEUX : moyens, ambre, verre, pupille noire
OREILLES : grandes, plates, sur le côté
MUSEAU : raccourci, proéminent, peluche rase
NEZ : brodé main, triangulaire, noir
BRAS : incurvés, grands coussinets velours, griffes
PIEDS : grands, coussinets velours ovales, griffes
REMBOURRAGE : paille de bois et kapok

Aerolite

Marque de fabrique

Peter

1925 GEBRUDER SUSSENGUTH

Peter était la nouvelle création de la firme Süssenguth, à Neustadt bei Coburg, Allemagne, fabriquant et exportant poupées et jouets depuis 1894. Ces ours se vendirent mal à l'époque, car, semble-t-il, ils effrayaient les enfants en roulant des yeux et en montrant les dents. Ce modèle est, par conséquent, rare aujourd'hui.

TÊTE
La tête de Peter, avec ses joues rondes, est faite d'un matériau moulé, dur, ressemblant à du plâtre, appelé « stuc » et composé de substances variées, dont du plâtre, de la sciure et des chiffons.

Profil *Il montre le long dos droit de Peter et sa bouche ouverte, avec la langue animée qui pointe.*

YEUX
Les yeux en bille de loto de Peter sont en verre blanc et noir. Fixés dans une orbite ronde découpée, ils sont aussi reliés à la langue. Quand on bouge Peter, cette dernière se déplace d'un côté à l'autre et les yeux roulent de gauche à droite.

NEZ
Le nez est moulé, avec deux narines. Il se poursuit sous la peluche et fait partie de la tête creuse en stuc.

FOURRURE
Le Peter de cette page est en douce peluche de mohair beige clair, à l'extrémité des poils brun foncé. Il existait aussi en gris à pointes noires, ainsi qu'en peluche dorée. Ce dernier modèle est le moins courant.

BOUCHE
La bouche entrouverte révèle des dents moulées, soulignées de peinture rouge, avec deux canines plus longues à la mâchoire supérieure, faites dans le même matériau que la tête et le nez. La langue animée est un mince morceau de stuc pointu, rose pâle.

REMBOURRAGE
Si le corps et les membres sont rembourrés de paille de bois, le stuc moulé de la tête est creux.

H : 35 cm

FOURRURE : peluche mohair beige, à pointes brunes
YEUX : grands, blanc et noir, verre, enfoncés
OREILLES : petites, rondes, vers l'arrière
MUSEAU : pointu, bouche ouverte moulée

NEZ : stuc moulé, carré, noir
BRAS : longs, coussinets feutre, sans griffes
PIEDS : longs, coussinets feutre, sans griffes
REMBOURRAGE : stuc et paille de bois

MARQUE DE FABRIQUE : étiquette carton ronde, souvent attachée à la poitrine, inscription « Peter Ges. Gesch. N° 895257 ». Modèle déposé.

« Happy »

1926 STEIFF

En 1989, « Happy » fut vendu chez Sotheby's, à Londres, pour 55 000 £ (550 000 F), somme encore jamais égalée pour un ours en peluche dans une vente aux enchères. Son nouveau propriétaire offrit « Happy » à sa femme, en cadeau d'anniversaire de mariage. L'ours est aujourd'hui en Californie.

OREILLES
Les grandes oreilles rondes sont écartées sur les côtés, plus que sur le haut de la tête. Leur position est très semblable à celle des oreilles de certains des premiers ours Steiff, comme « Friend Petz » (*voir p. 23*).

Grands yeux en verre brun, à pupille noire

YEUX
« Happy », avec ses doux yeux en verre brun, est sans doute un prototype de l'ours Petsy, déposé en 1927, aux yeux en verre brun ou bleu. Les ours aux yeux bleus sont plus intéressants pour le collectionneur.

VOIX
« Happy » a un mécanisme de couinement, aujourd'hui hors d'usage.

PIEDS
Les grands pieds à coussinets étroits sont semblables à ceux d'avant la Première Guerre mondiale.

Profil *Longs membres, bosse du dos, grande tête au museau proéminent.*

NEZ
Brodé main au fil brun, le museau est assorti à la couleur de la peluche bicolore. Il est grand, en forme de cœur et fait de points verticaux.

Longs bras effilés se terminant par une patte incurvée

FOURRURE
Sa jolie peluche de mohair bicolore était très appréciée dans les années 20.

Grands coussinets en forme de cuillère, dans le style des premiers ours allemands

H : 62 cm

FOURRURE : peluche mohair bicolore, bout des poils beige
YEUX : grands, bruns, verre, pupille noire
OREILLES : grandes, rondes, écartées, sur les côtés
MUSEAU : long, trapu et proéminent

NEZ : brodé main, en cœur, brun
BRAS : longs, effilés, coussinets feutre beige, griffes
PIEDS : grands, étroits, coussinets feutre beige, sans griffes
REMBOURRAGE : paille de bois partout

Lettres en relief

Marque de fabrique

« Claus »

1927 GEBRUDER HERMANN

« Claus » fut fabriqué à Sonneberg, à cette époque centre de l'industrie du jouet, par l'une des entreprises allemandes rivales de Steiff, Gebrüder Hermann, fondée en 1907. Les ours Steiff et Hermann sont parfois difficiles à distinguer, bien que le museau d'un Hermann soit généralement en tissu différent de celui du reste du corps.

Oreilles légèrement froncées

OREILLES
Deux demi-cercles de tissu forment chaque oreille. L'arrière utilise la même longue peluche bicolore que le reste du corps, et le devant le même mohair court qui recouvre le museau. Les oreilles sont placées à cheval sur les coutures de face.

YEUX
Les yeux en verre sont bruns, avec une pupille noire.

Nez et bouche sont brodés avec du coton noir

NEZ ET BOUCHE
Le nez est formé de points horizontaux, la bouche s'incurve en un léger sourire.

REMBOURRAGE
Tête, membres et corps sont rembourrés avec de la paille de bois.

PIEDS
Bien dessinés, assez petits, ils portent des coussinets ovales en feutre crème.

Profil *« Claus » a le dos plus droit et la tête un peu moins ronde que les ours Steiff.*

BRAS
Ils sont caractéristiques de ceux des premiers ours : longs, incurvés et légèrement effilés, avec un coussinet de feutre crème.

Des points en coton noir brodés sur la peluche des pattes forment les griffes

FOURRURE
Le corps est en peluche de mohair bicolore : beige, aux pointes d'une riche teinte cannelle, et très appréciée dans les années 20. Sur le museau et sur l'avant des oreilles est utilisée une peluche de mohair courte, crème.

H : 42 cm

FOURRURE : peluche mohair beige à pointes cannelle
YEUX : petits, bruns, verre, pupille noire
OREILLES : petites, en demi-cercle, à cheval sur coutures
MUSEAU : mince, peluche mohair courte, crème

NEZ : brodé main, rectangulaire, noir
BRAS : petits, coussinets feutre crème, griffes noires
PIEDS : petits, coussinets ovales feutre crème, griffes
REMBOURRAGE : paille de bois partout

MARQUE DE FABRIQUE : la marque Hermann trouvée sur cet ours est une étiquette ronde en métal fixée à un cordon rouge accroché à la poitrine.

« Gloria's Bear »

ANNÉES 20 SCHREYER & CO.

Ce petit ours vit toujours en compagnie d'une poupée en celluloïd dans « Cliftonville » (aujourd'hui dans un musée de Londres), la maison de poupée de son premier propriétaire, une fillette qui mourut encore enfant. C'est un des premiers spécimens d'ours mascottes Schuco, produits par la firme fondée en 1912 et installée à Nuremberg.

OREILLES
Les oreilles sont faites avec de très petits demi-cercles de carton recouverts de peluche de mohair. Elles sont insérées dans les coutures du haut de la tête.

YEUX
Les yeux en bille de verre noir, montés sans doute sur tiges croisées en fil de fer, étaient courants sur les petits modèles des années 20.

MARQUE DE FABRIQUE
La marque Schuco est composée des premières lettres des trois mots formant le nom de la société allemande : Schreyer und Co. (Sch-u-co). Les ours miniatures étaient une spécialité de la firme dans les années 20 ; leur taille moyenne était alors de 6 centimètres.

Feutre collé sur l'extrémité du bras de métal

PATTES
En feutre découpé, les pattes sont une caractéristique unique. Pattes et pieds des modèles postérieurs furent plus conventionnels ; ceux en feutre, comme sur cet ours, sont datés entre 1920 et 1940.

PIEDS
De petites lamelles de métal en V sortent de l'extrémité des jambes et sont recouvertes de feutre beige pour former les pieds.

Pattes en feutre beige

Le museau occupe la plus grande partie de la face

***Profil** On voit bien, sous cet angle, les membres extrêmement droits de l'ours et sa grosse tête.*

NEZ ET BOUCHE
Le nez est indiqué par de petits points horizontaux en coton noir, la bouche est également piquée.

Peluche de mohair courte et dense, parfaite pour un petit ours

MEMBRES
Bras et jambes sont droits et articulés par des broches en métal qui passent à travers le haut et le bas du corps. L'extrémité plate des broches est à peine visible au milieu de la cuisse et dans le haut du bras.

REMBOURRAGE
Le rembourrage est très inhabituel. Une ossature métallique est recouverte de peluche de mohair en partie cousue et collée en place, ce qui rend l'ours dur et compact au toucher.

Feutre usé aux pieds et révélant l'ossature métallique sous-jacente

H : 6 cm

FOURRURE : peluche mohair, courte, dorée
YEUX : petits, noirs, perles de verre
OREILLES : très petites, en demi-cercle, sur haut de la tête
MUSEAU : raccourci, en avant

NEZ : brodé main, triangulaire, noir
BRAS : droits, feutre beige sur pattes, sans griffes
PIEDS : petits, en V, feutre beige, sans griffes
REMBOURRAGE : ossature métallique

CARACTÉRISTIQUES : taille minuscule, ossature en métal et pattes en feutre sont très spécifiques.

« Bertie »

1930 DEAN'S RAG BOOK CO.

Cet ours fut produit par la plus ancienne société anglaise de jouets en peluche. Fondée en 1903 et autrefois célèbre pour ses jouets à découper en tissu, Dean's commença à fabriquer des ours en peluche articulés traditionnels vers 1915. « Bertie » fut créé à l'époque de l'apogée de la firme.

Profil *La tête triangulaire et les membres trapus et assez courts sont typiques de la forme de l'ours britannique.*

OREILLES
Les oreilles, grandes et plates, sont faites de deux morceaux de peluche séparés. Elles sont placées assez en arrière de la face, le bord intérieur s'alignant avec le haut de la tête plate.

YEUX
Les yeux transparents en verre sont bruns, à pupille noire. Leur tige croisée en fil de fer est cousue en place.

NEZ ET BOUCHE
Le nez est ovale, formé de petits points verticaux. La large bouche souriante est constituée de deux piqûres horizontales de chaque côté d'un long trait vertical au point de chaînette.

MARQUE DE FABRIQUE
L'étiquette porte le nom du fabricant sur la patte droite. Certains des tout premiers jouets en tissu de Dean portaient un bouton de métal fixé sur le corps.

Nez et bouche brodés avec du coton noir

Vestiges de la marque d'origine

Jambes droites et épaisses, se terminant par des pieds trapus

TÊTE
« Bertie » a une grosse tête au large front. Ses yeux sont fixés à mi-hauteur et son museau est légèrement abaissé.

PIEDS
Le velours de coton ras des coussinets est usé et révèle la trame du tissu et le feutre beige qui renforce le dessous.

VOIX
« Bertie » possède un grognement à bascule qui fonctionne encore aujourd'hui.

H : 65 cm

FOURRURE : peluche mohair courte, beige foncé, douce
YEUX : petits, translucides, bruns, verre
OREILLES : grandes, plates, en arrière et écartées
MUSEAU : raccourci, en pointe à partir du front
NEZ : brodé main, ovale, noir
BRAS : courtauds, coussinets velours beige, griffes
PIEDS : courtauds, coussinets velours beige, griffes
REMBOURRAGE : paille de bois, paille de bois/kapok

Marque de fabrique

Teddy Baby

1930 STEIFF

Créée à l'origine en 1929, mais rejetée par la Commission des brevets, la série à succès des Teddy Babies de Steiff fut acceptée l'année suivante. Sa publicité disait : « Ourson comique ressemblant à un vrai, dont la face amicale parle d'elle-même. » Fabriqué en différentes tailles, tissus et couleurs, il resta en vogue jusque vers 1950.

OREILLES
Teddy Baby a des petites oreilles dressées, dont la droite s'est un peu pliée avec le temps.

YEUX
Ils sont bruns à pupille noire, à tiges croisées en fil de fer, et fixés dans la couture qui relie le museau en mohair ras à la partie principale de la tête.

VOIX
Dans le long ventre grassouillet, on sent une grande boîte à couinement, ovale, d'environ 10 centimètres, qui produit toujours un son évoquant davantage un canard qu'un ourson.

Bouton Steiff

Étiquette volante imprimée et grelot attachés au collier

Collier en cuir bleu, attaché derrière le cou avec un bouton en métal

Les grands pieds plats de Teddy Baby ressemblent à des chaussures de clown

Profil *Bras curieusement incurvés en S, pieds particulièrement plats, museau en avant et bouche ouverte donnent à l'ours un profil distinctif.*

NEZ
Les points verticaux bruns sont courts à l'extérieur et plus longs au centre, allant jusqu'en haut de la mâchoire.

BOUCHE
La bouche ouverte de ce Teddy Baby révèle un palais de feutre couleur chair. Le menton est recouvert de peluche de mohair rase, crème, et le museau est fait du même tissu, mais blanc. Quelques Teddy Babies ont été fabriqués avec la bouche fermée.

FOURRURE
Le corps de ce Teddy Baby est recouvert d'une jolie peluche de coton pêche, le museau étant en peluche de mohair rase. Mais d'autres matériaux ont été utilisés pour la fabrication de cette série, dont le mohair de laine et la peluche de soie artificielle, en blanc, beige, brun foncé et un bleu inhabituel.

PIEDS
Pieds et museau sont en même peluche de mohair blanche, rase. Les coussinets de coton tissé rose sont renforcés de carton.

ACCESSOIRES
Certains ours portaient collier, nœud papillon, et parfois rien du tout. On trouve aussi dans les premières versions des robes et chaussures roses, et des tabliers bordés de dentelle.

H : 30 cm	FOURRURE : peluche de coton pêche, mohair ras	NEZ : brodé main, cœur, brun
	YEUX : moyens, bruns, verre, pupille noire	BRAS : effilés, coussinets coton rose, griffes
	OREILLES : petites, incurvées, raides, fixées droit	PIEDS : grands, plats, coussinets coton rose, griffes
	MUSEAU : en avant, bouche ouverte, raccourci	REMBOURRAGE : paille de bois partout

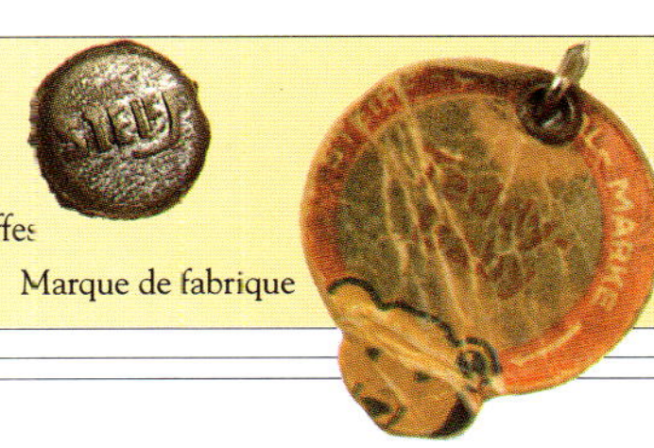

Marque de fabrique

L'OURS RUPERT

En novembre 1920, le Daily Express, *journal national, présenta l'Ours Rupert aux enfants britanniques. Lorsque fut fondée, en 1932, la « Rupert League », dont le but était « d'être toujours gai, généreux, et de s'efforcer... de rendre les gens heureux », Rupert était devenu une véritable institution. Doté d'un charme universel, il devint célèbre dans quelque vingt pays, grâce à des albums annuels. Bientôt produit sous de nombreuses formes, il fut souvent utilisé comme mascotte pour lancer des campagnes de collectes de fonds.*

△ ***Mary Tourtel***
La créatrice de Rupert.

LES AVENTURES DE RUPERT

L'Ours Rupert fut créé par Mary Tourtel, illustratrice de livres d'enfants, dont le mari, rédacteur au *Daily Express*, cherchait une bande dessinée pour concurrencer celles des autres journaux nationaux. Rupert répondit à sa demande. Les histoires de Mary Tourtel se passaient dans une ville idyllique et atemporelle, appelée Nutwood, où Rupert vivait des aventures féeriques avec sorcières, ogres et dragons. Il avait aussi toute une série de charmants compagnons aux noms évocateurs : Bill le Blaireau, Algy Gros Nez, Édouard Tronc et Vieille Chèvre Sage.

▽ ***Albums***
Deux albums annuels du Daily Express, *datant de 1949 (à gauche) et 1952 (à droite).*

LA TRADITION CONTINUE

La vue défaillante de Mary Tourtel l'obligea à se retirer en 1935, mais l'illustrateur Alfred Bestall continua son œuvre et dessina pendant trente ans, pour le journal, les aventures quotidiennes de Rupert, ainsi que, à partir de 1936, les albums annuels. De 1965 à 1978, le réalisateur de dessins animés Alex Cubie illustra les aventures de l'ours, Freddie Chaplain écrivant les histoires. Aujourd'hui, Rupert est dessiné par John Harrold et ses aventures écrites par Ian Robinson.

◁ ***Marionnette***
Marionnette Rupert de la fin des années 50, par Pelham Puppets. Comme dans le Rupert original, l'ours est doté de mains humaines.

▽ ***Version hollandaise***
Rupert devint célèbre en Hollande dans les années 20. Cette série de quatre cartes postales – l'une des deux publiées dans les années 20 – et l'enveloppe illustrées par Mary Tourtel sont très rares. En Hollande, les aventures de Rupert, connu sous le nom de Bruintje Beer (Ours Brun), paraissaient dans le quotidien national Algameen Handelsblad.

▷ ***Livre avec petits ours animés***
Le Daily Express *fit paraître l'Ours Rupert en album annuel. Ce livre datant de 1931 montre Rupert habillé de ses vêtements d'origine : pull bleu, pantalon gris à carreaux et écharpe.*

NAISSANCE D'UNE INDUSTRIE

Le premier produit Rupert, fabriqué en 1921, fut la « carte à broder du petit ours ». Deux ans plus tard sortit, à partir des aventures du héros, un jeu appelé *Rupert's Revenge*, inventé pour l'Exposition féminine du *Daily Express* à Londres. A partir de 1960, on fabriqua de nombreux jouets en peluche (dont une version parlante de Pedigree Soft Toys, et un Bendy Toy en caoutchouc de Newfeld Ltd), des marionnettes, jeux de société, puzzles et tirelires. Cette tendance fut accélérée par l'apparition de Rupert dans deux séries de dessins animés, présentés à la télévision au cours des années 70 et 80, et une vidéo-cassette en 1984. En 1983 se créa l'organisation « The Followers of Rupert », destinée à protéger l'authenticité de la tradition Rupert. Ses 700 membres dispersés dans le monde entier reçoivent deux fois par an le journal *Nutwood*. Le musée local de Canterbury, en Angleterre (ville de Mary Tourtel), abrite une collection d'objets inspirés par l'Ours Rupert.

▽ ***1986, l'Ours Rupert***
Créé par Real Soft Toys.

△ ***Rupert et la grenouille Chorus***
Scène du dessin animé de 1984 réalisé par Geoff Dunbar et le musicien Paul McCartney.

◁ ***Le disque de l'artiste***
Disque produit par la BBC pour le cinquantenaire des albums annuels de l'Ours Rupert.

« Compton »

VERS 1920 J.K. FARNELL

Comme le suggèrent sa forme générale et ses griffes inhabituelles, cet ours fut probablement fabriqué par J.K. Farnell, l'une des plus anciennes firmes britanniques de jouets en peluche, fondée en 1897. Il est cependant difficile d'identifier « Compton » de manière absolument certaine, en raison de l'absence de marque de fabrique.

Profil *La ressemblance entre les ours de Farnell et ceux de Steiff apparaît bien sous cet angle, qui montre le museau proéminent, le dos bossu et les longs membres.*

OREILLES
Les petites oreilles sont assez écartées et inclinées de façon désinvolte. L'intérieur est pris dans la couture et l'extérieur aligné sur le côté de la tête.

YEUX
Les yeux en verre transparent, à fond peint, donnent à « Compton » un air étonné. Ils sont fixés sur des tiges croisées en fil de fer, cousues avec du fil solide.

GRIFFES
Ce modèle de griffes fut utilisé par W.J. Terry avant 1920, et par Merrythought à partir de 1930.

REMBOURRAGE
C'est essentiellement du kapok, avec un peu de paille de bois dans le museau et autour des articulations.

Museau trapu

Griffes reliées entre elles, piquées sur le coussinet de feutre

Longs pieds étroits

Coussinets en feutre beige, en forme de cuillère

NEZ ET BOUCHE
Le nez est brodé avec des piqûres verticales en coton noir, plus longues à l'extérieur et s'étendant sur le dessus du nez légèrement de travers. La bouche est un V inversé avec un point rejoignant le nez.

BRAS
Les longs bras effilés ressemblent à ceux des premiers ours Steiff. Ils s'incurvent vers le haut, à l'endroit de la patte.

H : 40 cm

FOURRURE : peluche mohair dorée, un peu ébouriffée
YEUX : moyens, verre transparent, fond peint
OREILLES : petites, écartées
MUSEAU : arrondi, proéminent, raccourci

NEZ : brodé main, noir
BRAS : longs, incurvés, coussinets feutre beige, griffes
PIEDS : grands, étroits, coussinets feutre beige, griffes
REMBOURRAGE : mélange paille de bois/kapok

CARACTÉRISTIQUES : les griffes reliées, inhabituelles, formées de fil noir et cousues sur le coussinet de feutre beige, le rendent facilement reconnaissable.

« Chummy »

1930-1935 MERRYTHOUGHT LTD

« Chummy » est l'un des premiers ours produits par Merrythought, qui, dès 1930, fabriqua des jouets en peluche près d'Ironbridge, Shropshire, Angleterre. L'usine de Chad Valley n'était pas loin, et, pendant les dix années suivantes, les deux firmes sortirent des ours semblables, rembourrés de kapok, parfois difficiles à différencier.

OREILLES
Les grandes oreilles sont rondes, comme celles de « Mr Fluffy », de Chad Valley (*voir p. 43*). Fixées assez en arrière, elles sont placées à cheval sur les coutures de la face.

YEUX
Les yeux en verre ambre, à pupille noire, sont sur tiges croisées en fil de fer, fixées sur les coutures de la face, et sont implantés très bas, ce qui accentue le grand front de « Chummy ».

Peluche de mohair dorée

REMBOURRAGE
C'est un mélange de kapok et de paille de bois, comme pour beaucoup d'ours anglais de l'époque ; membres entièrement en kapok.

PIEDS
Les pieds sont petits et les chevilles fines, par comparaison avec les cuisses épaisses. Coussinets en feutre, mais Merrythought utilisait parfois le velours de coton brun pour cet ours.

Museau raccourci et pointu

Profil *Forme des bras et absence de bosse sur le dos distinguent l'ours anglais nouvelle manière des tout premiers modèles allemands.*

MARQUE DE FABRIQUE
Os à vœu sur bouton de celluloïd ; « Merrythought » est un vieux mot anglais pour désigner l'os à vœu (bréchet de volaille).

VOIX
Le mécanisme de « Chummy » ne fonctionne plus.

GRIFFES
Les griffes, typiques des ours Merrythought de la période, sont d'abord brodées sur le coussinet de feutre puis reliées entre elles par des points horizontaux.

Griffes réunies

Coussinet de remplacement, en feutre bien assorti

H : 57 cm

FOURRURE : peluche mohair dorée, ébouriffée	NEZ : brodé main, rectangulaire
YEUX : grands, ambre, verre, pupille noire	BRAS : longs, incurvés, coussinets feutre rouille, griffes
OREILLES : grandes, plates, haut sur la tête	PIEDS : moyens, coussinets ovales feutre rouille, griffes
MUSEAU : pointu, vers le bas, trapu	REMBOURRAGE : kapok, paille de bois/kapok

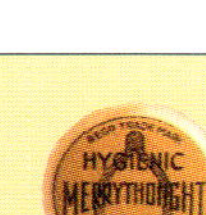

Marque de fabrique

« Colin »

1930-1935 MERRYTHOUGHT LTD

« Colin » fait partie de la Magnet Line, la première série d'ours produite par Merrythought au début des années 30. Comme « Chummy » (voir p. 53), *il possède un bouton de celluloïd, mais fixé sur le dos et non sur l'oreille gauche. La firme fut obligée de changer la position du bouton, celle-ci copiant le « bouton dans l'oreille » de Steiff.*

OREILLES
Ses oreilles sont petites, rondes et très écartées, ce qui lui donne un air étonné. Le bord intérieur est pris dans la couture de face, comme les oreilles du « Bertie » de Dean *(voir p. 48)*.

Yeux ronds typiques de l'ours Merrythought

YEUX
Ils sont en verre ambre, à pupille noire. Les tiges croisées en fil de fer sont prises dans les coutures de la face et fixées en place.

VOIX
« Colin » possède un système de couinement semblable à celui trouvé dans le « Chummy » de Merrythought *(voir p. 53)*.

Peluche de mohair dorée

GRIFFES
Cinq griffes non reliées sont brodées sur les pattes de devant, et quatre sur les pieds.

PIEDS
Les pieds sont petits, avec des coussinets ovales, assez courts et étroits, en pilou.

Profil *Il met en évidence la tête triangulaire de « Colin » et son museau pointu relevé. Les pattes de devant semblent minces et les cuisses paraissent se fondre dans les chevilles et les pieds.*

Museau pointu, raccourci

NEZ ET BOUCHE
« Colin » a un nez oblong, fait de points verticaux en travers de la couture du museau. La bouche est formée de deux rangées de doubles piqûres. Le fil paraît brun, mais est peut-être noir décoloré.

BRAS
Les bras sont courts et n'atteignent que le haut des cuisses.

Pattes particulièrement étroites

MARQUE DE FABRIQUE
« Colin » porte une étiquette cousue sur le pied gauche. Comme « Chummy », il a aussi un bouton en celluloïd jaune derrière le bras gauche.

H : 50 cm

FOURRURE : peluche mohair dorée, râpée
YEUX : globuleux, ambre foncé, verre, pupille noire
OREILLES : petites, droites, très écartées, dans coutures
MUSEAU : pointu, relevé, raccourci

NEZ : brodé main, oblong, brun
BRAS : courts, coussinets coton beige, griffes
PIEDS : petits, coussinets coton beige, griffes
REMBOURRAGE : mélange paille de bois/kapok

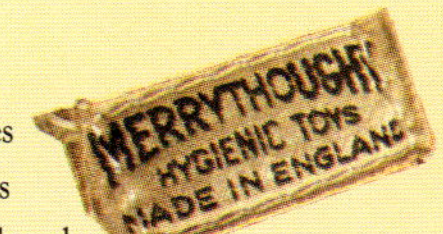

Marque de fabrique

Bingie

ANNÉES 30 MERRYTHOUGHT LTD

Bingie fait partie d'une famille de nouveaux ours produits par Merrythought dans les années 30. Il représente un ourson assis, qui, avec son rembourrage très doux et ses courtes jambes non articulées, était destiné aux tout jeunes enfants. Il était fabriqué en sept tailles, dont deux très petites pour les bébés, les « Baby Bingie ».

OREILLES
L'arrière est fait de la même peluche que le corps, mais l'intérieur est en peluche de soie artificielle blanche, aujourd'hui totalement décolorée.

YEUX
Les grands yeux ambre, en verre, sont placés de chaque côté de la couture centrale, assez bas sur la face.

Bras courts et trapus, rotatifs

REMBOURRAGE
Garni de kapok, il est particulièrement doux. De la paille de bois fine est utilisée pour renforcer l'intérieur des coussinets.

JAMBES
Les jambes courtes et trapues non articulées sont cousues au corps à un angle de 90°, ce qui lui donne une position assise permanente.

Coussinets plus larges au talon et aux orteils

Mohair crème ébouriffé, avec le bout des poils brun

***Profil** La grosse tête, le dos rond et les pieds immenses sont des traits copiés sur le vrai ourson.*

Museau en mohair ras

NEZ ET BOUCHE
Le grand nez rectangulaire est formé de points verticaux de coton brun. Quelques-uns, plus longs, vont du bout du museau jusqu'à la large bouche piquée.

Griffes à cheval sur peluche et coussinet en feutre

GRIFFES
Griffes formées par une double piqûre en coton brun assorti au nez et à la bouche.

H : 35 cm

FOURRURE : mohair crème ébouriffé, à pointes brunes
YEUX : grands, ambre, verre, pupille noire
OREILLES : grandes, plates, haut placées sur la tête
MUSEAU : long, morceau séparé, ras

NEZ : brodé main, rectangulaire, brun
BRAS : courts, trapus, coussinets feutre rouille, griffes
PIEDS : grands, longs, coussinets feutre rouille, griffes
REMBOURRAGE : kapok, paille de bois fine dans piecs

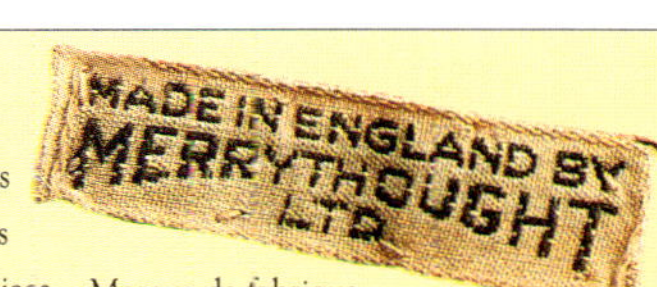

Marque de fabrique

WINNIE L'OURSON

Winnie l'Ourson est probablement l'ours personnage de fiction le plus célèbre du monde. Des millions d'exemplaires du livre portant son nom ont été vendus depuis sa première édition par Methuen, le 14 octobre 1926. Il a été traduit en vingt-deux langues, dont le latin et l'espéranto. Walt Disney fit trois dessins animés ayant pour héros l'ours et ses amis. Les histoires de Winnie l'Ourson ont même été utilisées pour expliquer les principes du taoïsme et il existe, de façon assez surprenante, une rue, en Pologne, qui porte son nom.

LES DÉBUTS

Winnie l'Ourson fit ses débuts dans la vie sous forme d'un ours en peluche, acheté en 1921 au célèbre magasin de Londres, Harrods, par Dorothy Milne, épouse de l'auteur Alan Alexander Milne, pour le premier anniversaire de leur fils, Christopher Robin. Le jouet venait probablement de la firme J.K. Farnell, dont les ours étaient alors exclusivement destinés à Harrods. Son premier nom était « Edward Bear ». Il apparut pour la première fois en 1924, dans l'anthologie de poésie pour enfants de A.A. Milne, *When we were very young*. Il devint ensuite Winnie l'Ourson (« Winnie the Pooh », en anglais), d'après « Winnie », un ours noir américain du zoo de Londres, et « Pooh », le cygne préféré de Christopher Robin. En 1925, les Milne quittèrent Londres pour Cotchford Farm, Sussex, près d'Ashdown Forest. La région devint alors le décor de nombreuses histoires, et beaucoup d'admirateurs la visitent encore aujourd'hui.

◁ ***Une famille heureuse***
A.A. Milne, son fils âgé de 6 ans, Christopher Robin, et Winnie l'Ourson, photographiés en 1926.

△ ***L'ours et son miel***
Illustration de Shepard, 1926. Winnie l'Ourson protège son miel de l'averse.

△ ***Dernière demeure***
Le premier exemplaire de Winnie l'Ourson se trouve aujourd'hui dans la Public Library de New York.

△ **La tête dans les nuages**
Winnie se transforme en nuage pour voler un pot de miel.

SOUVENIRS

De nombreux souvenirs s'offrent aux admirateurs de Winnie l'Ourson. En Angleterre sont exposés, dans une salle du Victoria and Albert Museum de Londres, les dessins originaux au crayon offerts par leur auteur, l'artiste Ernest Howard Shepard, alors âgé de 90 ans (1879-1976). Shepard, qui fut également illustrateur de *Wind in the willows*, de Kenneth Graham, s'inspira de l'ours de son fils, « Growler », modèle Steiff qui termina tragiquement ses jours dans la gueule d'un chien, au Canada. Dans la salle des enfants de la Public Library de New York, le Winnie l'Ourson original est exposé, en compagnie de ses amis, Porcinet, Tigrou et Grand Gourou (Petit Gourou a malheureusement été perdu dans le jardin de son propriétaire). En Angleterre, où les histoires étaient célèbres grâce à une émission radio de la BBC, la Teddy Toy Co. sortit des jouets en peluche et un charmant jeu de société aux figurines en plomb peint, à l'effigie des personnages. La firme britannique Chad Valley fabriqua des puzzles, des animaux en chiffon et aussi une poupée Christopher Robin (Jean-Christophe dans la version française). Aux États-Unis, les collectionneurs rechercheront les jouets en peluche de F.W. Woolnough, de New York, ou des jeux de société de Parker Brothers. Dans les années 40 et 50, Agnes Brush, de Long Island, fabriquait des ours Winnie l'Ourson.

△ **Sa vraie maison**
Winnie habitait en fait le tronc creux d'un noyer dans le jardin d'A.A. Milne, retraite favorite de Christopher Robin et son ours.

WINNIE L'OURSON ET WALT DISNEY

La popularité de Winnie l'Ourson connut un renouveau en 1966, avec le lancement du dessin animé musical de vingt minutes, *Winnie l'Ourson et l'arbre à miel*, par les studios Walt Disney, bientôt suivi par *Winnie l'Ourson dans le vent* et *Winnie l'Ourson et Tigrou*. En 1975, les trois dessins animés furent associés pour former un long métrage qui eut alors, tout comme aujourd'hui, un immense succès. On se rend compte par les films de Disney que, pour les enfants de cette époque, Winnie l'Ourson était différent de celui de leurs parents et grands-parents. Il avait l'accent américain de l'acteur Sterling Holloway, était plus replet que le héros des débuts et portait une veste rouge. Disney acheta les droits du personnage et autorisa plusieurs compagnies à reproduire Winnie l'Ourson comme jouet en peluche. En 1988, la première convention annuelle Walt Disney World Teddy Bear se tint en Floride, aux États-Unis.

▽ **Une nouvelle jeunesse pour les dessins**
Grâce à Christopher Robin (Jean-Christophe) et ses amis, Winnie l'Ourson, qui a mangé trop de miel et de lait concentré, est tiré du terrier de Coco Lapin. En 1973-1974, Methuen chargea E.H. Shepard, alors âgé de plus de 90 ans, de donner des couleurs neuves aux illustrations originales.

« Alex »

VERS 1930 CHAD VALLEY

« Alex » porte un bouton dans l'oreille droite. Le bouton Chad Valley, en celluloïd sur base de métal, ressemble à celui utilisé par Merrythought, un de ses principaux rivaux anglais. Un des premiers directeurs de Merrythought travailla d'abord pour Chad Valley et emporta peut-être l'idée chez son concurrent.

OREILLES
Comme « Mr Fluffy » (*voir p. 43*), « Alex » a de grandes oreilles plates, fixées de façon assez rapprochée sur le haut et le côté de la tête.

Museau pointant, mais raccourci, recouvert de mohair ras

YEUX
Les yeux en verre ambre sur tiges croisées en fil de fer sont typiques de cette période. Une pointe de colle est ajoutée pour les renforcer, pratique courante à cette époque.

BRAS
Les longs bras incurvés et effilés se terminent par de grands coussinets de pilou brun.

Grands pieds et coussinets de pilou brun, renforcés avec du carton

Profil *Bien que rappelant l'ours allemand, plus traditionnel, « Alex » est beaucoup plus replet, trait commun aux ours anglais de cette période.*

Le coton noir du nez s'est décoloré en brun

NEZ
Il est formé par des points verticaux et par un point horizontal sur le haut.

REMBOURRAGE
Les membres sont garnis de kapok, tête et corps étant un mélange de kapok et paille de bois.

Longue peluche de mohair

H : 42 cm

FOURRURE : peluche mohair dorée, longue, frisée
YEUX : moyens, ambre, verre, pupille noire
OREILLES : grandes, plates, rapprochées, haut de la tête
MUSEAU : raccourci, en avant, mohair rasé

NEZ : brodé main, triangulaire, noir
BRAS : longs, bruns, coussinets pilou, griffes
PIEDS : grands, bruns, coussinets pilou, griffes
REMBOURRAGE : kapok et mélange paille de bois/kapok

Lettres imprimées

Marque de fabrique

« Heinrich »

VERS 1935 SCHREYER & CO.

« Heinrich » est un spécimen des ours Schuco Oui/Non. Sa tête est animée, actionnée par la queue qui agit comme levier. Adolf Kahn, associé juif de la firme Schuco, qui quitta l'Allemagne en 1934 pour se réfugier en Angleterre, en donna sans doute l'idée à H.G. Stone pour sa série Chiltern Wagmee de 1937.

Grandes oreilles arrondies centrées sur la couture

YEUX
Le bord des yeux fixes est en verre transparent, au fond peint en jaune moutarde inhabituel. Ils sont insérés dans la face, avec une pupille bordeaux entourée de verre blanc.

VOIX
Le système de couinement, inséré dans le long corps arrondi rembourré de paille de bois, est hors d'usage.

MARQUE DE FABRIQUE
Les ours Schuco Oui/Non portent généralement une carte Schuco sur la poitrine, mais « Heinrich » l'a perdue.

QUEUE
La queue est faite d'un anneau en gros fil de fer partant d'un trou dans le bas du dos, puis remontant dans le corps, où il est relié à la tête par la jointure. La tête remue de droite à gauche ou de haut en bas lorsqu'on bouge la queue.

Pieds plus larges aux orteils

PIEDS
Les coussinets de velours de coton rose ont été renforcés avec du carton. Talons et orteils sont d'un rose plus foncé.

***Profil** Queue inhabituelle, bras incurvés vers le bas, courtes jambes trapues, grands pieds et bouche ouverte lui donnent un profil parfaitement reconnaissable.*

Large nez ovale formé de points verticaux de coton noir

BOUCHE
La bouche grande ouverte ajoute à l'expression un peu hagarde de l'ours. Les mâchoires sont doublées de feutre rose ; un morceau séparé du même feutre est collé à l'arrière pour former la langue.

BRAS
Les longs bras larges s'incurvent vers le bas aux pattes (vers le haut chez les ours traditionnels). Comme la tête et le corps, les bras sont rembourrés de paille de bois.

Pieds et pattes ont quatre griffes piquées en fil noir sur la peluche de mohair

H : 34 cm

FOURRURE : peluche mohair couleur miel
YEUX : verre transparent, fond jaune, pupille bordeaux
OREILLES : grandes, rondes, centrées sur coutures
MUSEAU : trapu, pointant, bouche ouverte
NEZ : brodé main, large, ovale, noir
BRAS : grands, coussinets velours rose, griffes
PIEDS : larges, coussinets velours rose, griffes
REMBOURRAGE : paille de bois partout

Marque de fabrique

« Miss Jessie Criddle »

ANNÉES 30 WOOLWORTH

« Miss Jessie Criddle » fut achetée dans un magasin Woolworth avant la Seconde Guerre mondiale. La chaîne américaine F.W. Woolworth ouvrit son premier magasin en Angleterre en 1909 ; vers 1930, la plupart des grandes villes en possédaient un. En peluche de qualité médiocre, elle est typique de la gamme bon marché des ours anglais de l'époque.

OREILLES
Les grandes oreilles plates sont fixées en arrière de la tête et retombent à cause de la peluche mince utilisée.

TÊTE
La grosse tête en dôme et le menton rond qui avance donnent un aspect très particulier au museau.

YEUX
Les yeux de verre ambre, espacés, sont fixés dans la couture de face, sur des anneaux en fil de fer. Des ours semblables datant des années 50 ont des yeux en plastique sur tiges croisées en fil de fer.

REMBOURRAGE
La couleur assez sombre de la paille de bois qui se devine à travers les trous des coussinets indique un ours de qualité inférieure.

FOURRURE
« Miss Jessie Criddle » montre de nombreux signes d'usure, d'amour et de tendresse : sa peluche de soie artificielle est très usée pour son âge.

PIEDS
Les pieds sont grands, arrondis et épais, de forme similaire à ceux de « Colin » *(voir p. 54)*.

***Profil** On voit bien, sous cet angle, le menton en avant inhabituel de l'ours, ainsi que les bras et pieds assez courts. Hanches étroites caractéristiques des modèles anglais des années 30.*

NEZ
Le nez est brodé avec des points verticaux de laine noire, dont deux descendent vers la bouche.

BRAS
Les bras courts et effilés sont particulièrement larges vers l'épaule. Les pattes sont recouvertes de Rexine (toile cirée) brune.

GRIFFES
L'absence de griffes sur pieds et pattes distingue « Miss Jessie Criddle » des premiers ours.

H : 73 cm

FOURRURE : peluche de soie artificielle dorée, courte
YEUX : moyens, ambre, verre, pupille noire
OREILLES : grandes, plates, retombantes, en arrière
MUSEAU : carré, en avant, menton en galoche

NEZ : brodé main, carré, noir
BRAS : courts, coussinets Rexine brune, sans griffes
PIEDS : trapus, coussinets Rexine brune, sans griffes
REMBOURRAGE : paille de bois partout

CARACTÉRISTIQUES : oreilles fixées en arrière, particulièrement grandes, et retombant à cause de la finesse de la peluche.

« Mr Jollyboy »

FIN ANNÉES 30 ANGLAIS

« Mr Jollyboy » ressemble à « Miss Jessie Criddle » (voir p. 60) et provient peut-être de la même usine. C'est un bon spécimen des nombreux ours en peluche de soie artificielle, de couleur contrastant avec les différentes nuances de brun plus communes, fabriqués jusqu'à la fin des années 50 et parfois difficiles à dater.

OREILLES
Les petites oreilles plates sont fermement fixées aux angles de la tête carrée et assez grande.

YEUX
« Mr Jollyboy » a des yeux en verre brun sur des tiges croisées raides en fil de fer, insérées dans les coutures de face. Ils sont écartés et placés bas, ce qui donne à l'ours un large front haut.

FOURRURE
La soie artificielle (peluche de rayonne) était à base de fibres reconstituées avec de la cellulose, dérivé du bois. Ce premier tissu artificiel entra probablement dans l'industrie du jouet en peluche par le biais de la British United Toy Manufacturing Co.

VOIX
Comme « Miss Jessie Criddle », « Mr Jollyboy » a un grognement à bascule dans la poitrine.

Pieds courts et trapus à coussinets en Rexine

Nez étroit formé de longs points

Profil *Sous cet angle, on remarque particulièrement le corps et la tête grands et arrondis, les membres courts et trapus et le menton un peu en avant.*

NEZ ET BOUCHE
Le nez est formé de quelques points verticaux en laine noire, contrastant avec le large nez carré si courant chez d'autres ours. La bouche est une ligne légèrement incurvée.

BRAS
Les bras sont courts, trapus et presque de la même épaisseur sur toute la longueur. Mais ils s'incurvent légèrement sur les pattes, indiquées par des coussinets beiges en Rexine.

Absence de griffes indiquant parfois un ours de qualité inférieure

H : 70 cm

FOURRURE : peluche soie artificielle, bleu pâle
YEUX : petits, bruns, verre, écartés
OREILLES : petites, plates, dans angle de la tête
MUSEAU : carré, grand, menton en avant

NEZ : brodé main, long, mince, noir
BRAS : courts, coussinets Rexine beige, sans griffes
PIEDS : courts, coussinets Rexine beige, sans griffes
REMBOURRAGE : paille de bois partout

CARACTÉRISTIQUES : peluche de soie artificielle, nez vertical et menton en avant différencient cet ours de ses contemporains.

« Arthur Van Gelden »

ANNÉES 30 HOLLANDAIS

L'actuel propriétaire d'« Arthur Van Gelden » l'acheta chez un marchand néerlandais. Comme il ressemble aux autres ours en provenance de Hollande, on pense qu'il a été fabriqué dans ce pays. En raison de son aspect, on pourrait le prendre pour un ours de la gamme anglaise bon marché de cette époque, mais son poids l'en distingue.

Profil *« Arthur Van Gelden » a une haute tête en dôme. Le corps est droit et rectangulaire, avec des jambes courtes et trapues. Le cou est peu marqué.*

OREILLES
Les grandes oreilles occupent les angles de la tête. Elles sont légèrement incurvées et en coupe.

YEUX
Les yeux blanc et noir, en bille de loto, sont faits de boutons métalliques émaillés et à peine convexes. L'anneau du fond, semblable à celui utilisé derrière les yeux en bouton de bottine, est cousu sur la peluche de mohair.

GRIFFES
Comme les autres grands ours bon marché (« Miss Jessie Criddle » et « Mr Jollyboy », par exemple), « Arthur Van Gelden » n'a pas de griffes brodées.

FOURRURE
« Arthur Van Gelden » est en peluche de soie artificielle courte, et la plus grande partie du corps est de couleur or, mais les coussinets sont blancs.

Grands pieds arrondis

Nez et bouche sont piqués avec du coton noir

NEZ
Le long nez étroit est semblable à celui de « Miss Jessie Criddle », formé par une série de points verticaux (*voir p. 60*).

Bras courts, droits et légèrement effilés

REMBOURRAGE
Le rembourrage de paille de bois est très dense, ce qui lui donne un aspect lourd et compact. Il ne possédait certainement pas de voix : le garnissage de bois l'aurait rendue inaudible.

H : 70 cm

FOURRURE : peluche de soie artificielle dorée, courte
YEUX : moyens, émaillés, boutons de métal
OREILLES : grandes, rondes, légèrement en coupe
MUSEAU : raccourci, en avant, relevé

NEZ : brodé main, étroit, noir
BRAS : droits, coussinets peluche blanche, sans griffes
PIEDS : grands, ronds, coussinets blancs, sans griffes
REMBOURRAGE : paille de bois très compacte

CARACTÉRISTIQUES : « Arthur Van Gelden » est un ours compact et lourd. L'œil en bouton émaillé, le nez étroit et les coussinets blancs facilitent son identification.

« Marcel »

ANNÉES 20 FRANÇAIS

La plupart des ours en peluche vendus en France furent importés d'Allemagne jusqu'à la Première Guerre mondiale. Les importations se raréfiant, les firmes françaises se développèrent. Copiant Steiff, le bouton de métal, marque de fabrique, fut parfois utilisé dans l'oreille ou, comme chez « Marcel », sur le corps, pour permettre l'identification.

YEUX
Le fond des petits yeux en verre, fixés par des tiges en fil de fer cousues dans la face, garde des traces de peinture.

Petites oreilles arrondies, à cheval sur la couture à l'arrière de la tête

Profil *Cet angle permet d'apprécier le long corps mince, les grands pieds, les pattes étroites et le museau pointu, avec son nez enfoncé inhabituel.*

VOIX
Le long corps mince abrite un système de couinement en état de marche.

PIEDS
Les pieds relativement grands ont des chevilles fines dans la tradition Steiff. Le feutre brun utilisé pour les coussinets est d'une nuance différente de celui des pattes, mais il est difficile de déterminer lequel est un remplacement.

MARQUE DE FABRIQUE
Le principe du bouton en métal doré fixé sur la poitrine de l'ours est emprunté à Steiff. Les Français ont peut-être aussi copié l'idée de symbole en relief de la firme allemande. Les ours s'étreignant apparaissent dans les catalogues de Steiff d'avant la Première Guerre mondiale.

NEZ ET BOUCHE
Les piqûres noires formant le nez et la bouche sont un peu de travers : c'est sans doute le travail d'une couturière inexpérimentée.

BRAS
Les longs bras sont minces, et les petites pattes étroites, à coussinets en feutre brun foncé.

GRIFFES
Trois griffes brodées en coton noir sont à cheval sur la peluche de mohair et le feutre brun.

Chevilles très fines

Peluche de mohair courte, couleur cannelle

Griffes brodées à cheval sur la peluche de mohair et le feutre brun

H : 38 cm

FOURRURE : peluche mohair courte, couleur cannelle
YEUX : petits, verre, fond peint
OREILLES : petites, incurvées, à l'arrière de la tête
MUSEAU : mince, proéminent et pointu

NEZ : brodé main, rectangulaire, noir
BRAS : petits, coussinets feutre brun foncé, griffes
PIEDS : grands, coussinets feutre brun, griffes
REMBOURRAGE : paille de bois partout

Lettres et logo en relief

Marque de fabrique

« Didcock »

1938 J.K. FARNELL

« Didcock », avec sa marque de fabrique Alpha Toy, fut sans doute fabriqué par Farnell, de Londres. Construite après la Première Guerre mondiale, l'usine fut détruite par un incendie en 1934, rebâtie l'année suivante et complètement rasée pendant le Blitz de 1940. Malgré deux autres déménagements, les ours Alpha restèrent populaires jusqu'en 1968.

OREILLES
Elles sont relativement grandes et légèrement en coupe.

Oreilles en partie cachées par la fourrure ébouriffée

YEUX
Les yeux en boutons noirs, que le propriétaire de « Didcock » dit être d'origine, ajoutent à son charme.

BRAS
Les longs bras effilés, dans le même style que ceux de l'ours traditionnel, sont incurvés aux pattes et reposent ainsi gracieusement sur les genoux.

REMBOURRAGE
Tête et bras sont garnis avec de la paille de bois, et les jambes avec du kapok. Le corps est rembourré avec un mélange des deux matériaux.

Les pieds sont grands, par comparaison avec les courtes jambes

***Profil** Cet angle montre que Farnell préférait la forme traditionnelle de l'ours Steiff à celle introduite en Angleterre par ses concurrents.*

NEZ
Le nez carré est formé de points verticaux en coton noir. La bouche de travers lui donne un air tout étonné.

Griffes brodées sur chaque patte et pied avec du coton noir

MARQUE DE FABRIQUE
L'étiquette tissée porte la marque Alpha, brevetée en 1925.

H : 38 cm

FOURRURE : peluche mohair blonde, frisée, longue
YEUX : petits, noirs, boutons plastique
OREILLES : grandes, légèrement en coupe, cachées
MUSEAU : pointant du front plat

NEZ : brodé main, carré, noir
BRAS : incurvés, coussinets coton beige, griffes
PIEDS : grands, coussinets coton beige, griffes
REMBOURRAGE : paille de bois, kapok et mélange

Marque de fabrique

« Senior Mr Roosevelt »

VERS 1940 KNICKERBOCKER TOY CO. INC.

Cette entreprise produisait des jouets et ours en peluche depuis 1900. Installée d'abord à New York (où cet ours fut fabriqué), la firme déménagea plus tard dans le New Jersey et importa de Corée les parties cousues de l'ours. Aujourd'hui, elle n'existe plus, mais elle reste célèbre par ses ours Smokey, sortis dans les années 60 et 70.

OREILLES
Grandes, légèrement en coupe, elles sont écartées ; c'est une caractéristique de ces ours.

YEUX
Les yeux en verre noir et brun de cet ours sont fixés dans les coutures de la face.

Les yeux ne sont sans doute pas d'origine

FOURRURE
Le museau court est en peluche de mohair rase. En accord avec le style Knickerbocker, il contraste avec la peluche de mohair dorée du reste de l'ours.

MARQUE DE FABRIQUE
L'ours de la Knickerbocker de cette époque a généralement une étiquette tissée cousue sur la couture centrale, devant ou bien sur l'oreille gauche. Celle des ours postérieurs, sur la couture côté gauche, portait : « Animals of Distinction ».

Jambes trapues et pieds arrondis à coussinets de velours de coton beige

Oreilles arrondies

Profil *La grosse tête arrondie, avec son museau plat, rond et trapu, le corps droit et les membres courts se rapprochent du type d'ours plus plat prédominant après la Seconde Guerre mondiale.*

NEZ ET BOUCHE
Le grand nez rond est formé de points verticaux de coton noir. La bouche dessine le V inversé traditionnel.

Bras épais se terminant en patte étroite

REMBOURRAGE
La tête et le corps de l'ours sont rembourrés avec du kapok, matériau souvent utilisé par la firme à cette époque. De la paille de bois entourait peut-être le grognement à bascule.

Rembourrage des membres souple, moins ferme que celui du corps

H : 51 cm

FOURRURE : peluche mohair dorée, mohair ras
YEUX : petits, brun et noir, verre, écartés
OREILLES : grandes, rondes, en coupe, écartées
MUSEAU : court, rond, écrasé, ras

NEZ : brodé main, ovale, noir
BRAS : courts, coussinets velours beige, sans griffes
PIEDS : petits, coussinets velours beige, sans griffes
REMBOURRAGE : kapok et paille de bois

Marque de fabrique

« Edward »

ANNÉES 40 AUSTRALIEN OU ANGLAIS

« Edward », qui se trouve aujourd'hui dans un presbytère du sud de l'Angleterre, fut l'ami et le compagnon de son propriétaire pendant son enfance en Australie. En peau de mouton teinte en brun doré, c'est un exemple typique de l'ours produit pendant la Seconde Guerre mondiale, quand la peluche de mohair traditionnelle était difficile à trouver.

OREILLES
Faites de deux étroits demi-cercles de peau de mouton, elles sont cousues dans les angles de la tête carrée.

Peau de mouton brun doré

YEUX
En verre transparent. Des traces de peinture montrent que le fond de l'œil était jadis brun. Les pupilles sont noires. Les tiges en fil de fer sont cousues sur la face avec du fil épais noué à l'arrière de la tête.

VOIX
Ce système à bascule est fait avec un des premiers plastiques, vert moucheté. Le fond est marqué de « Kim Toys made in England », mais la boîte à grognement a peut-être été la seule importée. Il est possible aussi que le jouet entier soit venu d'Angleterre.

PIEDS
Les chevilles sont à peine marquées, et les coussinets en cuir cousus à grands points de coton noir, certains étant peut-être une réparation. Pas de griffes.

Coussinets ovales et courts, en cuir noir

Tête non articulée

Profil *Les fabricants essayaient bien de conserver l'aspect traditionnel de l'ours, mais les restrictions alors dues à la guerre les obligeaient à utiliser des matériaux plus épais, moins souples, donnant un dos sans bosse et une tête relativement plate.*

NEZ
Le gros nez rond est en cuir gris, sans doute en remplacement du nez original, certainement assorti aux coussinets de cuir noir. Nouveau nez, plus large que le premier, peut-être pour cacher la peau de mouton usée sur le museau et la bouche.

Bras effilés et incurvés dans le style des ours anglais contemporains

ARTICULATIONS
Les articulations sont de petits disques de carton, aux bras et aux jambes. La tête n'est pas articulée.

REMBOURRAGE
Tête et membres sont en paille de bois. Le corps est garni d'un mélange de paille de bois et de bourre de coton.

H : 53 cm

FOURRURE : peau de mouton teinte, brun doré
YEUX : moyens, verre transparent, pupille noire
OREILLES : étroits demi-cercles de peau de mouton
MUSEAU : trapu, large, un peu en avant

NEZ : remplacé par cuir gris, grand
BRAS : courts, coussinets cuir noir, sans griffes
PIEDS : petits, coussinets cuir noir, sans griffes
REMBOURRAGE : paille de bois, paille de bois/coton

CARACTÉRISTIQUES : les restrictions dues à la guerre obligeaient les fabricants à remplacer la peluche mohair traditionnelle par de la peau de mouton.

« Chilli Pepper »

ANNÉES 40 H.G. STONE & CO. LTD

« Chilli » est un spécimen du jouet en peluche Chiltern, du nom de l'emplacement de l'usine de la firme anglaise, dans les Chiltern Hills du Buckinghamshire. Ours musical à remontoir, appartenant à la série Hugmee, il joue la Berceuse *de Brahms ; les premiers modèles Chiltern produisaient leur musique avec une pression sur le corps.*

OREILLES
Elles sont presque circulaires et placées à l'arrière de la tête, très écartées, avec bord intérieur légèrement retourné et pris dans la couture de face.

YEUX
Les yeux ambre, en verre, à pupille noire, sont fixés à des anneaux courts en fil de fer. Ces derniers sont cousus sur la face avec du fil blanc fort qui traverse la tête pour être noué à l'arrière, près du cou.

VOIX
Le mécanisme musical de cylindre à rouleau suisse *(voir p. 37)* est enfermé dans un étui carré en métal recouvert de gaze blanche, et est fixé dans le bas des reins. La clé sort dans le dos, d'un œillet fait de métal et ressemblant à du cuivre.

Couleur inhabituelle, rose corail

FOURRURE
Contrairement à la plupart des ours en peluche de mohair de la série Hugmee, « Chilli » est en peluche de soie artificielle. Cette fibre était appréciée par certains fabricants de jouets de l'époque.

Profil *Il permet de voir la clé de la boîte à musique et la dépression à l'arrière de la tête, indiquant l'endroit où les yeux sont attachés. Le grand nez rond occupe presque toute la face.*

NEZ ET BOUCHE
Nez rectangulaire brodé main en coton noir. Le petit V inversé de la bouche lui donne l'expression mélancolique si caractéristique des ours Hugmee de Chiltern.

Bras relativement courts

GRIFFES
Les quatre griffes courtes en coton noir sont piquées sur chaque patte. Le coussinet des pieds porte quatre griffes formées de points à cheval sur la peluche de soie artificielle et le coussinet.

REMBOURRAGE
Bourre de coton pour un ours confortable et hygiénique.

Petits pieds et coussinets en velours beige

H : 42 cm

FOURRURE : peluche soie artificielle rose corail
YEUX : petis, ambre, verre, pupille noire
OREILLES : rondes, écartées, un peu repliées
MUSEAU : grand, rond, court mais large

NEZ : brodé main, rectangulaire, noir
BRAS : courts, coussinets velours beige, griffes
PIEDS : petits, coussinets velours beige, griffes
REMBOURRAGE : bourre de coton bleu pâle

MARQUE DE FABRIQUE : il existait peut-être un label portant le nom de la firme, Chiltern Toys, ou encore une étiquette volante.

L'OURS SMOKEY

L'Ours Smokey est le symbole de la campagne de prévention des incendies de forêts, aux États-Unis. Il apparut pour la première fois sur une affiche en 1944, portant ce message : « Smokey dit : la vigilance peut éviter neuf incendies sur dix. » Il gagna donc le cœur des Américains et devint encore plus populaire après l'arrivée au zoo de Washington, en 1950, d'un ourson blessé dans un incendie de la Lincoln National Forest, au Nouveau-Mexique, et dont le nom était également Smokey.

△ ***La véritable histoire***
Le livre de l'Ours Smokey.

LA CAMPAGNE CONTRE LES INCENDIES DE FORÊTS

Dans les années 40, aux États-Unis, de multiples incendies dévastèrent de vastes superficies boisées et rendirent indispensable la création d'un nouveau personnage pour promouvoir la campagne de prévention des incendies de forêts. Le choix d'un ours sembla évident, la forêt étant son habitat naturel et l'animal étant connu pour sa force. On l'appela « Smokey », d'après Smokey Joe Martin, pompier de New York dans les années 20. Albert Staehle, du *Saturday Evening Post*, fut le premier illustrateur de Smokey, qui devint bientôt le « gardien de la forêt ». Il dessina l'ours éteignant un feu de camp avec un seau d'eau, sur une affiche. L'Ours Smokey, tout d'abord nu, porta bientôt un jean et un chapeau de « ranger », aujourd'hui célèbres. Au fil des années, il ressembla de moins en moins à un ours véritable.

▽ ***Ours Ideal***
Le premier Ours Smokey, aux pieds, mains et tête en vinyle, fut fabriqué par Ideal en 1953.

SMOKEY BEAR ACT

Sa popularité était si grande qu'en mai 1952, le « Smokey Bear Act » fut voté au Congrès pour protéger l'exploitation du personnage. Seuls le United States Department of State Foresters et l'Advertising Council pouvaient autoriser la fabrication de produits Smokey, en prélevant une taxe qui était destinée à subventionner la prévention des incendies de forêts.

▷ ***Articles Smokey***
Étui à jumelles d'enfant, pour observer la vie dans la nature et détecter les incendies, portant l'effigie de Smokey. Ce genre d'objets est aujourd'hui très recherché par les collectionneurs.

UN OURS IMPORTANT

Les collectionneurs sont aujourd'hui très intéressés par certains des premiers articles déposés, comme le Smokey en peluche d'Ideal Company (1953) et la deuxième version, avec tête vinyle et jean « incorporé », qui suivit un an plus tard. Ideal inventa aussi une fiche à remplir par les jeunes propriétaires d'un Smokey, pour devenir Junior Forest Rangers, innovation très populaire qui donna à l'ours une adresse personnelle : Quartier général de l'Ours Smokey, Washington DC., 20252. Un troisième Smokey d'Ideal sortit vers 1960. Plusieurs autres firmes américaines, comme Dakin et la Knickerbocker Toy Co., fabriquèrent leurs propres versions dans les années 60 et 70, dont l'Ours Smokey parlant, qui donnait des conseils pour éviter les incendies de forêts.

LES OBJETS DE COLLECTION

Figurines moulées, tasses, tirelires, cendriers, réveils, vêtements et papier à lettres font partie des nombreux articles représentant l'Ours Smokey, produits au cours des années. On vendit aussi des affiches pédagogiques, dont une portant l'effigie de l'ours et une boîte parlante à tirette sur l'envers. On écrivit livres et chansons sur le personnage, et celui-ci conserve encore aujourd'hui un impact important sur la population, pour la prévention des incendies de forêts aux États-Unis.

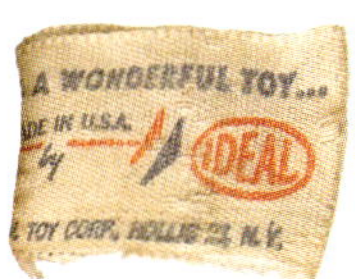

△ ***Version années 60***
Troisième version Ideal de Smokey, créée dans les années 60, en peluche et avec jean « incorporé ». Comme dans les modèles précédents, il est instantanément reconnaissable par son insigne « Smokey Ranger », son ceinturon et son chapeau.

▽ ***Chapeau de ranger***
Chapeau de ranger Ours Smokey, disponible en taille enfant ou adulte.

◁ ***Vigilance***
Figurine de l'Ours Smokey, portant un jean et tenant la pelle familière. Il lève la main en signe de vigilance.

▷ ***L'Ours Smokey contemporain***
Cette version moderne en peluche a été fabriquée par Three Bears Inc., de Newport, Rhode Island, en 1985.

L'Ours en Peluche Synthétique

Même si la période suivant immédiatement la Seconde Guerre mondiale vit diminuer la production d'ours en peluche, les années 50 et 60 furent témoins d'une résurgence du phénomène. Les ours fabriqués alors étaient radicalement différents des modèles d'avant guerre. La production toujours accrue de nouveaux matériaux, résultant d'études dans le domaine des plastiques, révolutionna l'industrie. Divers personnages de dessins animés créées par les studios américains incitèrent également certains fabricants à créer des caricatures d'ours, comme le Cheeky de Merrythought (voir p. 83)*, ainsi que des gadgets plus élaborés, comme l'ours parfumé de Dean, de 1967, le Scenty Bear, et l'ours parlant à tirette de Chad Valley, de 1968.*

△ **Ours royal**
Fabriqué par Merrythought, pour le couronnement de la reine Élizabeth II en 1953.

La Nouvelle Génération

Vers 1960, beaucoup d'entreprises utilisaient la peluche de nylon, d'abord tissée puis en jersey. En Angleterre, par exemple, Dean's Childsplay, branche de Dean's Rag Book Co., proposa un ours De-Luxe Bri-Nylon en 1965. (Bri-Nylon : marque déposée de ICI, fabricant de tissus synthétiques.) La firme américaine Monsanto sortit un autre tissu en fibre acrylique, l'Acrilan. Pendant cette période, on expérimenta divers yeux en plastique sans danger pour remplacer ceux fixés de façon si précaire par une tige en fil de fer aisément cassée. Wendy Boston Playsafe Toys déposa, à la fin des années 40, un œil inoxydable et verrouillé par vis, plus tard perfectionné par l'usage de nylon moulé pour la vis et l'écrou.

L'Ours Lavable en Machine

Tissus artificiels et yeux en plastique rendirent possible la création, par Wendy Boston, du premier modèle lavable en machine. Auparavant, les ours ne pouvaient pas être immergés dans l'eau : la paille de bois trempée séchait difficilement, le kapok mouillé tachait les tissus et la rayonne ne supportait pas très bien le lavage. Au contraire, l'utilisation du nylon, d'un rembourrage imperméable et séchant vite – polyuréthane ou mousse de latex en granules – et d'yeux incassables, comme l'absence d'articulations en carton, permirent la naissance de l'ours lavable en machine. En 1955,

▽ **Ours lavable en machine**
Ours peluche nylon Wendy Boston.

△ **Apparition à la télévision**
L'ours Wendy Boston, lavable en machine ; démonstration télévisée en 1955.

◁ **L'ours et la mode**
Mary Quant, créatrice de mode dans les années 60, avec ses ours en peluche.

Wendy Boston lança pour la première fois, à la télévision, une publicité annonçant cette incroyable nouvelle, associée au spectacle inattendu d'un ours en peluche accroché par les oreilles à la corde à linge. La fin de cette époque fut le témoin de l'ascension des firmes américaines de jouets en peluche, comme Dakin et Wallace Berrie, qui employaient en grande partie la main-d'œuvre bon marché des pays d'Extrême-Orient, tels que Taiwan, Corée et Chine. Plusieurs noms anglais connus ne purent faire face ; à la fin des années 60, des sociétés comme J.K. Farnell, Wendy Boston et H.G. Stone avaient disparu ou avaient été rachetées par des compagnies bien plus importantes. Le développement de la concurrence fut également marqué par l'introduction d'équipements modernes permettant une augmentation de la production. Ainsi, les machines à rembourrer à air, par exemple, remplacèrent le garnissage manuel. Le nouveau système utilisait de l'air comprimé, propulsant le rembourrage à travers un conduit étroit sur lequel était fixée l'ouverture de la tête ou du membre de l'ours. Certaines de ces machines rendaient l'opération cinq cents fois plus rapide. De même, les découpeurs mécaniques, pouvant découper plusieurs morceaux de peluche en même temps, remplacèrent l'ancienne méthode avec gabarits individuels.

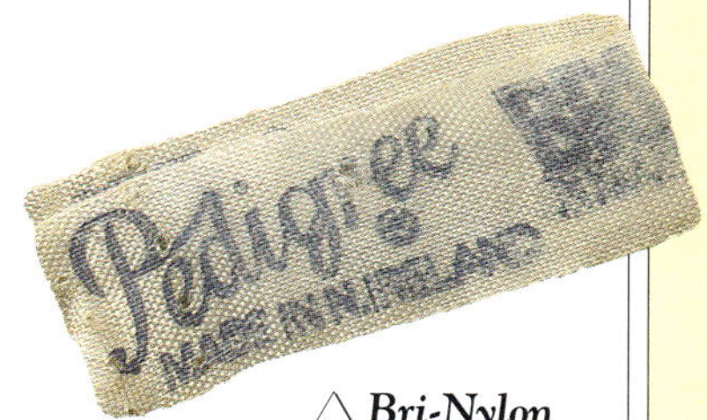

△ ***Bri-Nylon***
Marque déposée en 1960.

△ ***L'ours toujours populaire***
Après la guerre, l'ours new-look fut tout aussi apprécié que les premiers modèles.

De Nouvelles Normes de Sécurité

A la même époque, les gouvernements se préoccupèrent des normes de sécurité et publièrent des codes de sécurité, proposant diverses recommandations et certains tests. Des scientifiques mirent donc le feu à des ours en peluche, dans le but de déterminer les tissus non inflammables ou de trouver des produits pour les ignifuger. Ils fixèrent des poids de 15 kilos ou plus aux yeux des ours pour éprouver leur résistance à la traction des doigts ou des dents. On s'intéressa aussi à l'hygiène et de nouvelles normes exigèrent de tester les rembourrages pour en vérifier la propreté. Par la suite, de nombreux ours en peluche exhibèrent fièrement un « certificat d'hygiène ».

△ ***Une innovation, le timbre***
La marque de Wendy Boston date de 1929.

▽ ***Ours aux rayons X***
Radiographie d'un ours culbuteur américain, révélant ici l'usage de plastique et de métal pour la structure interne.

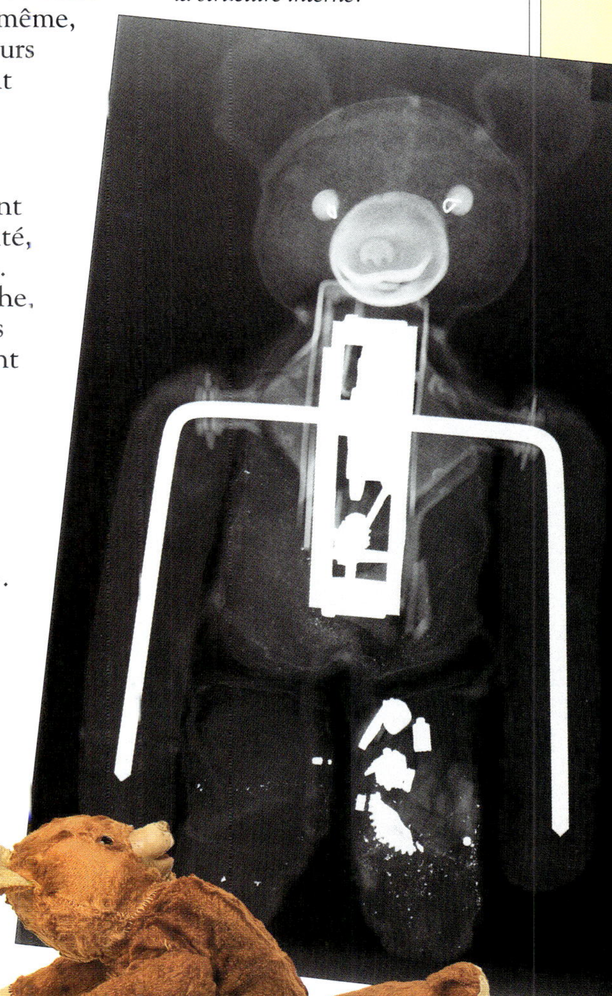

▽ ***Ours culbuteur***
Il fait la cabriole quand on lui remonte les bras.

LES MATÉRIAUX

Dans les années qui suivirent la Seconde Guerre mondiale, les diverses restrictions continuèrent à entraîner un net ralentissement de la production, mais, bientôt, l'utilisation de matériaux synthétiques révolutionna celle-ci. Avec l'aide de la nouvelle technologie et une plus grande conscience des normes de sécurité, les fabricants créèrent le premier ours lavable, presque indestructible et entièrement en matière synthétique.

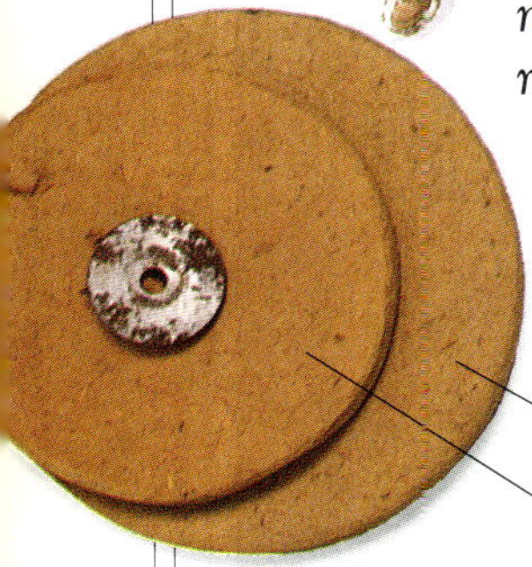

Disque d'articulation de jambe

Disque d'articulation de bras

Œil de verre

Yeux en plastique

NEZ
Quelques ours furent pourvus de nez en caoutchouc moulé noir dès 1950.

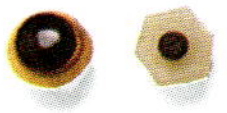

Œil Wendy Boston

Œil plastique sans danger

YEUX EN PLASTIQUE
Vers 1950, l'œil plastique était très courant. Wendy Boston déposa en 1948 l'œil en nylon, moulé et vissé. D'autres suivirent alors : verrouillés, sans danger, avec rondelles ; à tiges croisées en fil de fer comme certains des premiers yeux plastique ; plus tard à tiges croisées en plastique et avec rondelles.

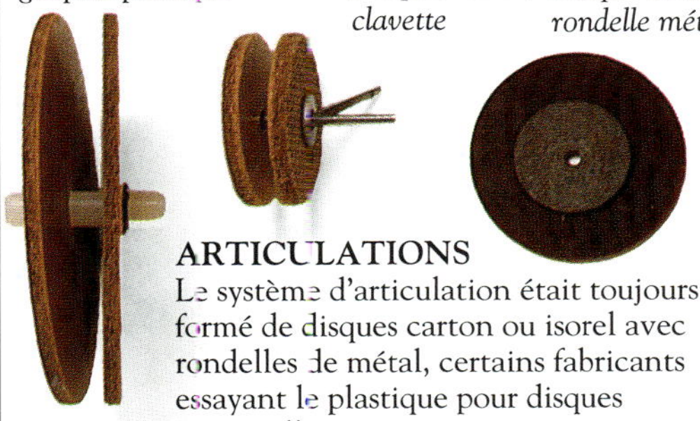

Disques isorel, goupille plastique

Disques isorel, clavette

Disque carton, rondelle métal

ARTICULATIONS
Le système d'articulation était toujours formé de disques carton ou isorel avec rondelles de métal, certains fabricants essayant le plastique pour disques et goupilles.

VERS 1965 ANGLAIS
Ours fabriqué par la Pedigree Soft Toys Ltd, en peluche Bri-Nylon tissée, rembourrage mousse plastique et yeux plastique vissés sans danger.

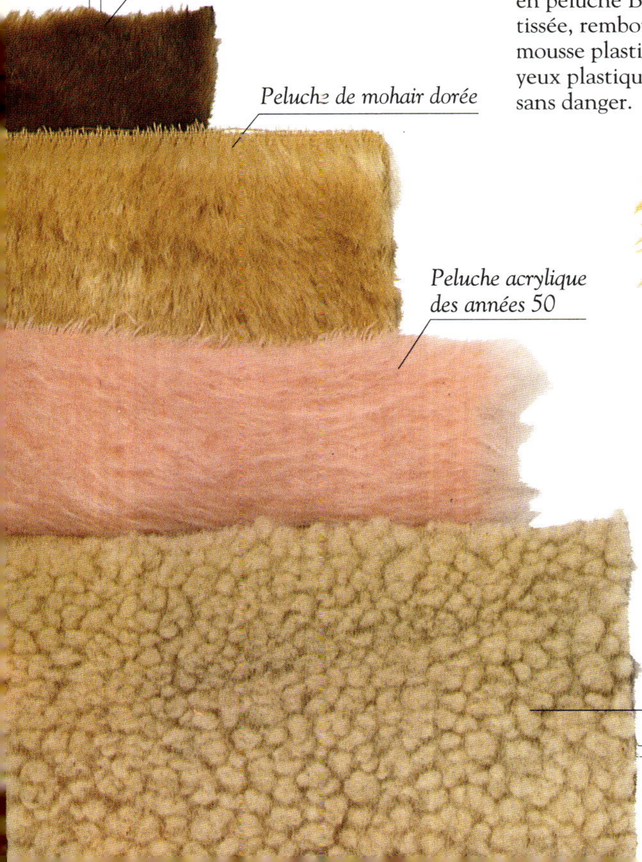

Peluche synthétique des années 60

Peluche de mohair dorée

Peluche acrylique des années 50

Peau de mouton

FOURRURE
Après la Seconde Guerre mondiale, de nombreux fabricants se tournèrent vers les tissus synthétiques, peluche acrylique ou nylon, en diverses couleurs et longueurs de poils. La peluche mohair était cependant toujours utilisée.

Boule creuse en métal contenant un petit morceau du genre plomb

GRELOT
En 1957, Merrythought fit un ours avec grelot dans l'oreille, copié par d'autres firmes à la fin des années 50 et au début des années 60.

FIL
En nylon ou polyester, des fils synthétiques commencèrent à remplacer le coton pour les piqûres machine.

Fil synthétique

Fil de coton

Paille de bois

Peluche synthétique

Suédine

Carton

Coton à broder

DÉTAILS

Nez, bouche et griffes étaient généralement brodés de manière traditionnelle, avec du coton noir ou brun.

COUSSINETS RENFORCÉS

Les coussinets aux pieds et pattes de beaucoup d'ours traditionnels étaient renforcés avec du carton.

TISSUS DE COUSSINETS

L'ours traditionnel avait toujours des coussinets en feutre, et la Rexine passa de mode vers 1950. Coton tissé et velours de coton furent courants jusque vers 1960, puis remplacés par des équivalents synthétiques comme la suédine.
Les fabricants d'ours lavables non articulés utilisèrent la même peluche synthétique pour coussinets et corps, mais en couleur et longueur de poils différentes (un tissu contrastant était autrefois employé).

Rexine

Coton tissé

Velours de coton

Feutre

GROGNEMENT

Le grognement à bascule à soufflets et à poids resta très en vogue pendant cette période ; l'étui de carton avait souvent un « haut-parleur » en fer-blanc perforé. Quant au couvercle de carton, il était encore utilisé et on trouva l'étui tout plastique à partir des années 40. Le couinement en carton et toile cirée ne changea presque pas ; seule une anche extérieure était parfois insérée dans le carton.

« Haut-parleur » fer-blanc

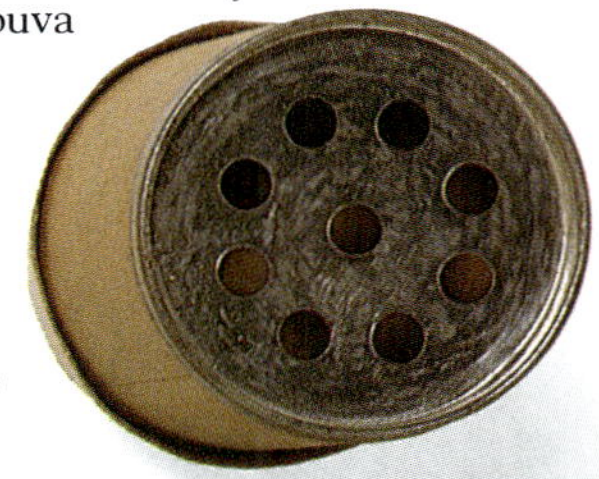

Couinement, anche extérieure

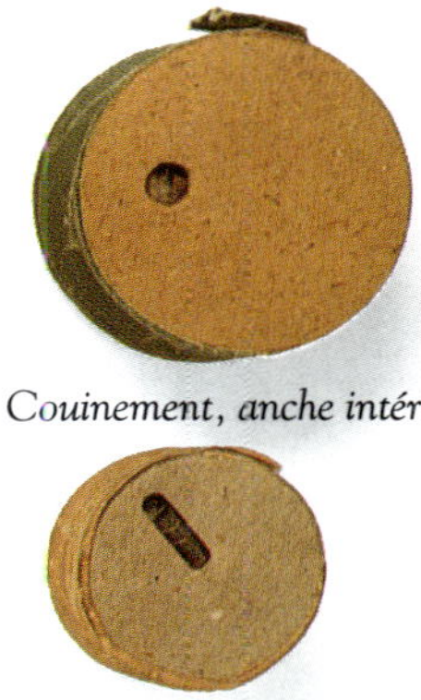

Couinement, anche intérieure

REMBOURRAGE

Paille de bois, kapok et bourre étaient encore utilisés. A la fin des années 50, beaucoup de fabricants se tournèrent vers la mousse plastique, substance synthétique à consistance d'éponge (généralement en morceaux), qui leur permit de créer l'ours lavable en machine.

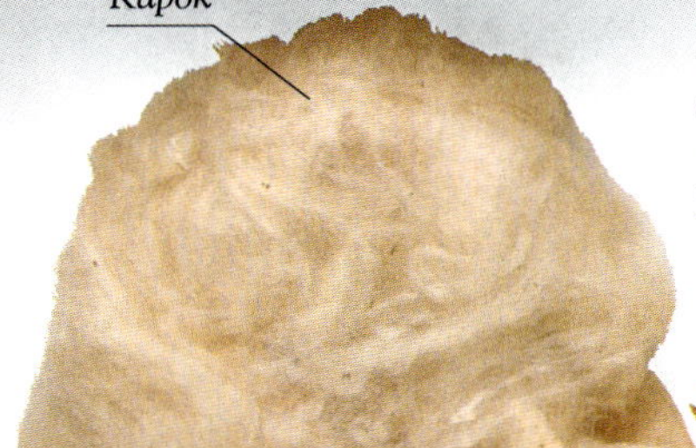

Kapok

Mousse plastique en morceaux

Bourre de coton

BOÎTE A MUSIQUE

Le fameux système suisse traditionnel était toujours utilisé, mais un couvercle en nylon moulé remplaçait souvent celui en métal.

Boîte à musique, couvercle plastique

Les Tenues Vestimentaires

Après la Seconde Guerre mondiale, les fabricants, soumis aux restrictions de textiles, limitèrent leurs innovations dans la garde-robe de nounours. Pendant cette période, la forme de l'animal changea (tête énorme, membres courts et trapus), le rendant difficile à vêtir élégamment. Les habits du commerce se raréfièrent, la tendance étant aux vêtements de poupée ou aux tricots confectionnés par les jeunes propriétaires. Le tissu synthétique employé – doux et coloré – et la forme – qui n'offrait plus guère de ressemblance avec l'ours – finirent par transformer le personnage à costume en simple jouet à serrer contre soi. Aujourd'hui, les collectionneurs créent souvent eux-mêmes les tenues de leurs ours, pour les habiller à la mode de leur époque.

Les Habits Inamovibles

Bien des ours en vogue avant la Seconde Guerre mondiale se faisaient encore dans les années 50, ce qui les rend parfois difficiles à dater pour les collectionneurs. Les ours aux tenues inamovibles étaient très courants pendant cette période de restrictions. Les fabricants économisaient ainsi la peluche, mais les enfants ne pouvaient plus habiller et déshabiller leur jouet. Cependant, même si l'ours de cette époque n'est pas remarquablement élégant, beaucoup de firmes firent un effort pour donner un certain style aux vêtements. La firme parisienne ALFA, qui fabriquait des ours d'une pièce depuis 1935, proposa dans les années 50 des modèles féminins, vêtus de robes de guingan bleu ou rouge, bordées de dentelle et de ruban, et portant des souliers assortis.

△ ***Ours écossais***
Ours en peau de mouton avec pantalon écossais.

La Dynastie Cheeky

En Angleterre, l'ours Cheeky de Merrythought, né en 1957 (*voir p.* 83), avait un corps de tissu et des membres représentant des habits. Cependant, le pantalon et les bretelles, ainsi que le tablier et la robe portés par Mr et Mrs Twisty Cheeky de 1966-1968 – avec leur ossature interne en fil de fer originale se pliant dans tous les sens –, pouvaient être retirés de leur corps en suédine.

◁ ***L'Indien***
« Kensington » date de 1918 ; il porte une étonnante veste d'enfant brodée et scintillante, achetée au Pradesh, Inde du Nord, vers 1960.

△ ***Le look Ours Rupert***
Pull rouge tricoté et pantalon jaune à carreaux le font ressembler au personnage de dessin animé, l'Ours Rupert.

△ **Le règne des fleurs**
Sophie, appartenant à l'actrice anglaise Lisa Goddard, est bien un produit des années 60. Au lieu d'habits conventionnels – interdits par sa forme –, elle porte veste et fleurs brodées directement sur le corps.

Retour en Arrière

Vers 1950, Steiff reprit certains modèles commercialisés avant la Seconde Guerre mondiale. Teddyli, à tête en peluche brun foncé ou blonde et à bouche ouverte ou fermée, imitait le Teddy Baby des années 30 (*voir p. 49*). Néanmoins, le corps en tissu souple, les bras ballants non rembourrés et les pieds droits et raides le rendent caractéristique de cette époque. Il possédait toutes sortes de charmants costumes, dont une jupe bavaroise froncée et une culotte de peau autrichienne. Certains Teddyli avaient un corps en caoutchouc, aujourd'hui assez peu apprécié des collectionneurs, cette matière ayant tendance à se désagréger. Le Nimrod Teddy, sorti tout spécialement en 1953 pour le cinquantenaire de l'ours Steiff, est particulièrement recherché. Ce modèle de 23 centimètres était habillé en chasseur, avec tunique et casquette en feutre – en quatre couleurs – et fusil en bois. De petits ours Zotty, également produits à la fin des années 60, portaient barboteuse ou veste en feutre avec casquette.

Les Personnages-Ours

Dans les années 50, quantité de personnages-ours suscitèrent un certain engouement par l'intermédiaire de livres, journaux, bandes dessinées et télévision, alors à ses débuts. Les enfants voulurent bientôt habiller leur nounours comme leur héros favori. La télévision était une mine d'idées. En Angleterre, le programme populaire, *Blue Peter*, qui existait depuis 1958, montrait comment habiller un ours de mille façons. Le livre qui l'accompagnait sert toujours aux collectionneurs d'aujourd'hui.

◁ **Ours débardeur**
Les possesseurs d'ours les habillent souvent à la mode de leur époque. Ce débardeur date l'ours de la fin des années 60.

▷ **Ours voyageur**
La valise était probablement un accessoire de poupée ou faisait partie d'un kit d'habits prêts à coudre. Elle est idéale pour un ours voyageur.

◁ **A la mode française**
Ours habillé « à la française », avec béret bleu, pull rayé bleu et blanc et salopette bleue. Un foulard rouge vif et une broche tour Eiffel complètent l'ensemble.

L'Évolution

Nouveautés technologiques et matériaux synthétiques modernes apparurent après les jours difficiles de la Seconde Guerre mondiale. Le déplacement du monde industriel vers l'Extrême-Orient, plus spécialement vers le Japon, et le baby-boom qui eut lieu au même moment en Occident suscitèrent de nombreuses innovations, ingénieuses et colorées, au prix de fabrication modique, inspirées par l'ours en peluche. Parallèlement, ce dernier trouva une seconde jeunesse grâce aux personnages de dessins animés, tels que Baloo dans le film du Livre de la jungle*, de Walt Disney, et au comique anglais en vogue,* Teddy Bear. *L'ours star devait connaître une prestigieuse carrière.*

△ **Ours-poupée des années 50**
Poupée articulée en plastique dur, par Rosebud Dolls.

Les Ours Synthétiques

Vers 1960, le celluloïd, matériau inflammable utilisé jusqu'alors pour les poupées, fut enfin officiellement banni, car déclaré substance très dangereuse. Les fabricants se tournèrent vers le vinyle souple ou dur, relativement bon marché et facile à mouler. Les firmes anglaises, telles que Rosebud et Rodnoid, fabriquèrent des copies articulées de l'ours traditionnel. D'autres sociétés, dont Dunbee and Casdon, firent des jouets à couinement, à roulettes, des tirelires et supports de brosse à dents. Une version en caoutchouc de Punkinhead, ressemblant au Cheeky réalisé par Merrythought pour le marché canadien *(voir p. 83)*, fut produit de 1948 à 1956. Le Japon fabriqua également des ours mécaniques en grande quantité de 1950 à 1970. Leur popularité tenait aux thèmes humoristiques et domestiques représentés : maman nourrissant son bébé, visite chez le dentiste ou patron à son bureau. Ces jouets avaient parfois des mécanismes ingénieux permettant sept actions, les yeux pouvant, par exemple, s'allumer, et l'ours expulser de l'eau.

◁ **Ours-rat de bibliothèque**
Ours japonais de 1950, avec mécanisme à remontoir et aimant lui permettant de feuilleter les pages.

▷ **Ours russe**
Ce petit ours russe à mécanisme lève le bras pour lécher sa glace, tout en tournant sur lui-même.

△ **Marionnette**
L'une des marionnettes Sooty originales utilisées par Harry Corbett à la télévision britannique et au théâtre.

L'OURS ET LA TÉLÉVISION

Dès 1950 apparurent, grâce à l'audiovisuel, de nouveaux personnages d'ours aujourd'hui recherchés des collectionneurs. Sooty, créé par Harry Corbett, ingénieur et magicien amateur britannique, fit en 1952 ses débuts à la télévision anglaise, avec son chien couineur Sweep. Par la suite, plusieurs firmes produisirent des articles s'en inspirant. Chad Valley acquit les droits sur la marionnette-gant, aujourd'hui objet de collection, surtout si elle est complète, avec tige de bois. Depuis 1980, cependant, les marionnettes sont réalisées à Taiwan et distribuées par Patsy B. Marketing. Il existe un club et un musée Sooty, situés près de la maison de Harry Corbett, et l'émission dure toujours, présentée par son fils Matthew. Les ours animés les plus célèbres, introduits dans des millions de foyers par la télévision dans les années 60, furent sans doute l'Ours Yogi – du nom d'un joueur de baseball américain – et ses amis Boo Boo et Cindy, créés par les réalisateurs de dessins animés américains Hanna-Barbera. Les fabricants ne furent pas longs à produire des jouets en peluche à leur effigie, tels ceux de Merrythought.

En France, toujours dans les années 60, Gros Nounours devint la star du petit écran, dans une émission intitulée *Bonne Nuit les petits*. Nounours devait rapidement atteindre la gloire : les fabricants utilisèrent son personnage pour des milliers d'objets. L'Australie possédait aussi sa vedette de télévision, Humphrey B. Bear, qui apparut pour la première fois au début des années 60, dans un programme pour les tout-petits. Classic Toys créa son propre Humphrey B. Bear portant gilet écossais et canotier, aujourd'hui très recherché du collectionneur.

△ **Les Trois Ours**
Ces trois figurines en plastique, aux habits peints, datent des années 50.

△ **Porte-monnaie**
Ours en peluche de 1940, qui se déplie en porte-monnaie doublé de toile cirée. Il paraît assez usé et son jeune propriétaire l'a sans doute beaucoup utilisé. Ce modèle est peut-être un précurseur de l'ours-sac à dos qui connut une grande vogue dans les années 80.

▷ **Hochet**
Ours en peluche synthétique japonais en forme de hochet. Son pantalon de zouave contient des grelots.

◁ **Teddy's Playtime**
Tasse en porcelaine de 1960, portant un motif Royal Albert appelé Teddy's Playtime. Les objets en céramique étaient aussi décorés avec des personnages d'ours.

« Horst »

1953 GEBRUDER HERMANN

Ce petit ours fut fabriqué à l'usine Hermann de Hirschaid, en Allemagne, dans la zone américaine (où Bernhard Hermann s'était installé en 1948). Les ours Hermann continuèrent à concurrencer ceux de Steiff : le modèle ci-dessous est souvent confondu avec le Zotty de Steiff, également sorti dans les années 50.

YEUX
Les petits yeux bruns en verre sur tige en fil de fer sont cousus. Placés très bas, ils donnent un front haut au petit ours. Très écartés, ils sont alignés avec le haut du museau.

VOIX
« Horst » a un mécanisme de couinement, contrairement au « Claus » de Hermann (*voir p.* 46), qui a un grognement à bascule.

GRIFFES
Il y en a trois sur chaque patte, brodées main en fil marron et difficiles à découvrir dans les longs poils du mohair.

MARQUE DE FABRIQUE
A partir de 1952, tous les ours de Hermann eurent une étiquette fixée sur la poitrine par du fil rouge ; un côté portait une inscription en rouge, l'autre était doré.

Profil *Grosse tête, petit corps et membres courts sont typiques d'une forme qui allait se répandre chez les ours des années 50.*

NEZ ET MUSEAU
Le museau rond est en peluche de mohair rase. Des points verticaux en coton brun forment le nez carré.

BOUCHE
La bouche ouverte de « Horst » était fréquente chez certains fabricants depuis les années 30.

H : 25 cm

FOURRURE : peluche mohair beige échevelée, trame foncée
YEUX : petits, bruns, verre, pupille noire
OREILLES : petites, plates, droites
MUSEAU : peluche mohair rase, proéminent
NEZ : brodé main, carré, brun
BRAS : courts, incurvés, coussinets feutre beige, griffes
PIEDS : petits, coussinets feutre beige, griffes
REMBOURRAGE : paille de bois partout

Marque de fabrique

« Ross »

VERS 1950 ANGLAIS

« Ross » est typique des ours anglais des années 40 et du début des années 50, mais il possède un trait distinctif : la bouche peut s'ouvrir et se fermer grâce à un levier à l'arrière de la tête. Le même résultat était obtenu chez d'autres ours en appuyant sur le ventre, en inclinant la tête en arrière ou en tirant un anneau situé derrière le cou.

OREILLES
« Ross » a de larges oreilles plates, à cheval sur les coutures de la face. Le mohair a presque disparu.

Museau court, trapu

BOUCHE
Deux morceaux d'isorel articulés dans la bouche se prolongent à l'arrière de la tête, les extrémités étant maintenues par un grand ressort recouvert de gaze. Deux tiges de métal reliées à l'isorel sortent à l'arrière de la tête et se terminent par une bille de verre.

Bouche rose doublée de feutre

REMBOURRAGE
« Ross » est garni de bourre de coton et de débris de jersey. Le mécanisme de la bouche est entouré de paille de bois.

BRAS
Les bras sont courts et assez droits, avec des coussinets en Rexine, aujourd'hui assez usés.

Petits pieds typiques des ours anglais de cette époque

Yeux ambre fixés avec de longues tiges en fil de fer

Profil *Cet angle montre clairement les leviers à l'arrière de la tête, qui permettent d'ouvrir et de fermer la bouche.*

YEUX
Les extrémités des fils maintenant les grands yeux en verre sont nouées à l'arrière de la tête. Pour plus de sécurité, les yeux ont également été collés. Leur aspect globuleux rappelle un peu ceux de l'ours de Merrythought, « Colin » *(voir p. 54)*.

NEZ
Le bout du petit museau pointu est formé d'un morceau de feutre noir rectangulaire recousu serré avec du fil noir, aujourd'hui décoloré.

La patte usée révèle la bourre de coton

	FOURRURE : peluche mohair or pâle	NEZ : grand, rectangulaire, feutre noir, fil	CARACTÉRISTIQUES : bras courts et raides,
	YEUX : grands, ambre, verre, pupille noire	BRAS : courts, coussinets Rexine brune, sans griffes	petits pieds et rembourrage de qualité inférieure
	OREILLES : larges, plates, à cheval sur couture	PIEDS : courts, coussinets Rexine brune, sans griffes	permettent de classer « Ross » parmi les ours
H : 37 cm	MUSEAU : court, épaté, bouche ouverte par tiges	REMBOURRAGE : bourre coton, paille de bois	anglais de l'après-guerre.

Jackie-Baby

1953 STEIFF

Jackie-Baby, l'ours du jubilé, fut produit pour célébrer le cinquantième anniversaire de l'ours Steiff. Ourson disponible en trois tailles, il était accompagné d'un fascicule relatant l'histoire de la firme. Steiff en fabriqua des copies (également en trois tailles) en 1986, 1989 et 1990.

Profil *A noter, la grosse tête de Jackie-Baby et son museau saillant. Les bras sont longs, comparés aux pieds courtauds.*

OREILLES
Jackie-Baby a de grandes oreilles rondes, à cheval sur le haut et le côté de la tête.

YEUX
Les yeux sont bruns, en verre sur tiges en fil de fer, cousus assez écartés sur le haut du museau.

MARQUE DE FABRIQUE
Jackie-Baby porte un bouton Steiff 1950 et une étiquette imprimée avec le nom du fabricant et « US Zone Germany », fixée dans la couture de côté.

PIEDS
Ses pieds sont semblables à ceux du Bingie (*voir p. 55*), ours issu de la même firme.

La patte usée révèle la paille de bois

Renfoncement sombre représentant le nombril

NEZ
Le nez est particulièrement inhabituel : une piqûre rose horizontale barre les points verticaux de coton brun foncé.

FOURRURE
Jackie-Baby est en peluche de mohair beige ; le museau est en peluche rase.

H : 38 cm

FOURRURE : peluche mohair beige, rase par endroits
YEUX : petits, bruns, verre, écartés
OREILLES : rondes, plates, à cheval sur haut et côté
MUSEAU : grand, saillant, peluche rase

NEZ : carré, points rose et bruns
BRAS : longs, coussinets feutre beige, griffes
PIEDS : grands, coussinets feutre beige, sans griffes
REMBOURRAGE : paille de bois partout

Lettres en relief nouveau style

Marque de fabrique

« Felix »

FIN ANNÉES 50 DEAN'S RAG BOOK CO. LTD

« Felix » fut la création de Sylvia R. Wilgoss, principale styliste de Dean's de 1950 environ jusqu'à la fin des années 70. Cet ours noir, qui fait partie de sa série à succès Truto-Life, fut fabriqué en trois tailles à l'usine de Rye, Sussex, Angleterre. La société avait quitté le Surrey en 1956.

TÊTE
Le museau clair contraste avec la peluche noire utilisée pour le corps. Un masque en caoutchouc sous la peluche forme orbites, nez et bouche.

Orbites en caoutchouc

YEUX
Les yeux sont placés dans des orbites découpées dans le masque en caoutchouc, sous la peluche.

VOIX
Le grognement à bascule de « Felix » fonctionne toujours.

JAMBES
Les jambes non articulées sont rembourrées avec de la paille de bois et cousues à l'avant du corps. L'ours reste donc assis, comme le Bingie de Merrythought (*voir p. 55*).

MARQUE DE FABRIQUE
Étiquette imprimée fixée dans la couture du dos.

Pieds réalistes couleur chair

Oreilles écartées sur les côtés

Profil *Grosse tête réaliste, similaire à celle des premiers ours Steiff, qui ressemblaient vraiment à des ours.*

Museau en peluche blanche

NEZ ET BOUCHE
Le grand nez noir et la bouche en caoutchouc moulé tranchent sur le museau blanc. Dean's utilisait cette matière pour le nez de nombreux modèles.

BRAS
Les bras non articulés de l'ours, à peine rembourrés, pendent sur les côtés. Le manque de garnissage des épaules les rend particulièrement ballants.

GRIFFES
Coussinets en caoutchouc rose moulé, avec cinq griffes, dont certaines sont pliées et abîmées.

H : 47 cm

FOURRURE : peluche acrylique noire, ébouriffée
YEUX : grands, verre brun dans orbite caoutchouc
OREILLES : grandes, rondes, écartées, dans coutures
MUSEAU : peluche acrylique blanche

NEZ : caoutchouc moulé, grand, pointant
BRAS : longs, coussinets caoutchouc moulé, griffes
PIEDS : grands, coussinets caoutchouc moulé, griffes
REMBOURRAGE : paille de bois et kapok

Marque de fabrique

« Geoffrey »

1955 CHAD VALLEY

« Geoffrey » fut fabriqué pendant une période d'expansion de cette firme déjà bien implantée : en 1938, elle reçut le Royal Warrant of Appointment (garantie royale) de Sa Majesté la reine Élisabeth (mère de la reine Élisabeth II). A l'origine affaire familiale, Chad Valley se constitua en société en 1950.

OREILLES
Les larges oreilles plates occupent les coins de la tête et sont fixées plus sur le côté que sur le haut.

VOIX
La voix, qui fonctionne encore quand on bascule l'ours, est un grognement aigu.

Bras s'effilant aux épaules et aux pattes

FOURRURE
« Geoffrey » possède une intéressante fourrure en peluche de mohair échevelée, brun et beige étant mélangés. La légère trame noire tissée forme contraste.

PIEDS
Petits, ils ont des chevilles à peine dessinées.

Coussinets des pieds en Rexine ou toile cirée brun moyen

***Profil** Museau pointant légèrement, mais épaté, dos très droit. Les jambes ont la même longueur que les bras.*

Yeux en verre ambre, pupille noire

NEZ
Le long nez rectangulaire, formé de points verticaux, est typique des ours de Chad Valley.

Bouche brodée main au fil noir

MARQUE DE FABRIQUE
Une étiquette imprimée sur le pied gauche porte le Royal Warrant, se référant, avant 1953, à « Queen Elizabeth », et ensuite à « Queen Mother » ; cela permet de le dater plus facilement.

H : 40 cm

FOURRURE : peluche mohair brun et beige, échevelée
YEUX : moyens, verre ambre, pupille noire
OREILLES : grandes, plates, sur le côté de la tête
MUSEAU : épaté et légèrement en avant

NEZ : brodé main, rectangulaire, noir
BRAS : incurvés, coussinets Rexine brune, griffes
PIEDS : petits, coussinets Rexine brune, griffes
REMBOURRAGE : kapok partout

Garantie royale

Marque de fabrique

Cheeky

VERS 1960 MERRYTHOUGHT

Le modèle du charmant Cheeky de Merrythought fut déposé pour la première fois en 1957. Fabriqué en tailles et matériaux divers, il a toujours un grelot dans chacune de ses immenses oreilles. La firme commercialisa aussi un Cheeky habillé, un à bouche ouverte, et un couple habillé, Mr et Mrs Twisty Cheeky (voir pp. 74-75).

OREILLES
Les très grandes oreilles de Cheeky sont cousues sur les côtés de la tête. Le devant de chacune d'elles est fait d'une peluche de nylon plus foncé. Un grelot de métal est pris entre les morceaux de tissu.

YEUX
Grands yeux verrouillés, en plastique, courants à la fin des années 50 et dans les années 60 *(voir pp. 72-73)*, spécifiés solides et sans risque sur l'étiquette originale.

MUSEAU
Ce museau d'un doux velours renforcé est London-gold (« or Londres »), terme utilisé par Merrythought pour décrire sa couleur particulière.

PIEDS
Les grands pieds sont très larges et le dessus du coussinet en feutre brun est légèrement usé.

Étiquette avec la marque Merrythought, cousue sur le coussinet

Profil *On remarque bien, sous cet angle, la grosse tête en dôme de Cheeky, son nez impertinent et son large sourire espiègle.*

Peluche de nylon bouclée, couleur miel

NEZ ET BOUCHE
Le bout du nez est cousu serré avec du coton noir afin de former le museau. Le sourire malicieux brodé dessous a donné son nom à l'ours (« cheeky » signifie espiègle).

BRAS
Les bras incurvés sont courts, et les épaules plus étroites que les larges pattes arrondies.

Coussinets des pattes en feutre brun, circulaires – forme inhabituelle

GRIFFES
Cinq griffes assez courtes sont marquées au coton noir sur chacun des coussinets.

H : 38 cm

FOURRURE : peluche nylon frisée, couleur miel	NEZ : brodé main, triangulaire, noir
YEUX : ambre, sans danger, plastique, pupille noire	BRAS : larges, ronds, coussinets feutre circulaires, griffes
OREILLES : grandes, placées latéralement	PIEDS : grands, larges, coussinets feutre brun, griffes
MUSEAU : petit, pointu, velours doré	REMBOURRAGE : kapok partout

Marque de fabrique

« Cully »

VERS 1963 WENDY BOSTON PLAYSAFE TOYS LTD

« Cully » est un excellent exemple d'ours lavable en machine, entièrement en matériaux synthétiques, créé par Wendy Boston en 1954. Un quart des ours en peluche exportés par l'Angleterre provenaient de l'usine galloise, jusqu'à sa reprise en 1968 par Denys Fisher.

YEUX
« Cully » est fier de posséder les célèbres yeux en nylon vissés déposés par Ken et Wendy (née Boston) Williams en 1948 : cercle extérieur de plastique couleur ambre et pupille noire en plastique moulé, terminée par une vis et un écrou.

Larges oreilles faites d'une seule pièce, comme la tête

***Profil** « Cully » n'est pas articulé et a un corps assez plat, différent de l'ours en peluche traditionnel.*

Fil de coton noir formant le nez

Chaque patte a trois griffes en fil noir

REMBOURRAGE
Le rembourrage en mousse plastique, matériau doux et lavable qui révolutionna l'industrie du jouet en peluche, s'est révélé hautement toxique en cas d'incendie. En outre, il se détériore avec le temps.

BRAS
Les bras non articulés, courts et incurvés, sont fixés de façon à rester écartés, en un geste de tendresse.

Peluche de nylon tissé, échevelée

JAMBES
« Cully » n'a pas de pieds nettement délimités. Les jambes sont droites et assez courtaudes, avec des coussinets ovales en peluche à poils courts.

FOURRURE
Elle est en peluche de nylon échevelée sur trame tissée, et plus courte sur le museau, les coussinets et les pattes.

Étiquette cousue sur coussinet droit

H : 55 cm

FOURRURE : peluche nylon tissé miel
YEUX : ambre, sans danger, nylon, pupille noire
OREILLES : grandes, plates, faisant partie de la tête
MUSEAU : grand, court, peluche nylon
NEZ : brodé main, rectangulaire, noir
BRAS : incurvés, coussinets couleur miel, griffes
PIEDS : non formés, coussinets peluche courte, sans griffes
REMBOURRAGE : mousse plastique en morceaux

Marque de fabrique

« Bobby Bear »

VERS 1955 PEDIGREE SOFT TOYS LTD

Pedigree Soft Toys était une branche de Lines Brothers Ltd, qui fut l'une des fabriques de jouets les plus prospères d'Angleterre. La production d'ours commença en 1937, à Lines' Tri-ang Works, à Merton, Surrey ; la marque de fabrique fut déposée en 1942. « Bobby Bear » sortit de l'usine Pedigree de Belfast, ouverte en 1946.

OREILLES
Le bord intérieur de chaque oreille plate est replié, puis l'oreille entière est fixée dans la couture horizontale sur le haut de la tête de l'ours.

YEUX
Ses yeux en plastique furent parmi les premiers à être verrouillés. Une rondelle derrière le tissu les tient probablement en place. Les parties ambre et noire semblent être d'une seule pièce, ce qui les différencie des yeux de l'ours Wendy Boston (*voir p. 84*).

Le foulard rouge est un embellissement ultérieur

VOIX
On peut sentir les restes d'une boîte à couinement hors d'usage, dans le corps étroit, rembourré de paille de bois.

Peluche de mohair plutôt usée

PIEDS
Il n'existe qu'un semblant de pied arrondi à l'extrémité des jambes épaisses, presque droites.

Coussinets presque circulaires en velours beige usé

Profil *Sous cet angle, on remarque la tête très ronde de « Bobby Bear », au museau à peine indiqué. Le torse mince, les membres droits et courts et l'absence de pieds le distinguent nettement des ours traditionnels.*

Bouche en fil noir

NEZ
Le nez carré est formé de petits points verticaux en fil noir, resserrant le bout du museau particulièrement écrasé.

BRAS
Les bras de « Bobby Bear » sont courts et presque droits, ils s'incurvent à peine vers les pattes sans griffes.

REMBOURRAGE
Tête et corps sont garnis de paille de bois, les membres de kapok.

Il reste peu de chose des coussinets en velours

MARQUE DE FABRIQUE
Étiquette en tissu imprimé insérée dans la couture de dos.

H : 45 cm

FOURRURE : peluche de mohair dorée
YEUX : ambre, sans danger, plastique, pupille noire
OREILLES : moyennes, plates, bord replié
MUSEAU : à peine marqué

NEZ : brodé main, carré noir
BRAS : incurvés, coussinets velours coton, sans griffes
PIEDS : inexistants, coussinets velours, sans griffes
REMBOURRAGE : mélange paille de bois et kapok

L'OURS PADDINGTON

L'Ours Paddington, du fin fond du Pérou, avec son penchant pour la marmelade d'oranges, son duffle-coat et ses amusantes tentatives pour assimiler le mode de vie anglais, étranger bien gentil mais auquel il arrive des catastrophes, possède un charme universel. Il devint célèbre en 1958, quand parut le livre de Michael Bond, Un ours appelé Paddington, *au succès assez retentissant. A partir de 1960, ses histoires furent publiées aux États-Unis et traduites en de nombreuses langues. Au Japon, Paddington figure sur la carte de crédit de la Banque Mitsui.*

△ ***Bottes***
Bottes Paddington.

△ **Le créateur de Paddington**
Le créateur de l'Ours Paddington, Michael Bond, avec quelques illustrations originales de ses livres.

L'ASCENSION DE PADDINGTON

Michael Bond créa le personnage d'après un ours en peluche acheté pour sa femme dans un grand magasin londonien, en 1956. L'ours fut ensuite doté d'un duffle-coat, d'un chapeau et d'une valise. Jusqu'à 1966, un livre fut publié chaque année ; puis suivirent, entre 1968 et 1981, six nouvelles collections des aventures de Paddington, bientôt reprises en livres de poche, ainsi que des livres animés, d'anniversaire et d'images. Les délicieuses illustrations de Peggy Fortnum contribuèrent à la popularité du premier Paddington, mais d'autres artistes, comme Fred Banberry, David McKee et Ivor Wood, ont aussi dessiné l'ours. En 1983, Barry Macey illustra le livre du vingt-cinquième anniversaire de Paddington.

UNE RENOMMÉE INTERNATIONALE

Radio et télévision anglaises racontèrent les histoires de l'Ours Paddington dans les années 60, et la première comédie musicale créée à partir de ses aventures fut jouée en Angleterre et en Australie en 1973. Cependant, ce fut la série avec marionnettes animées, d'abord diffusée sur la BBC en 1975, qui contribua surtout à sa grande renommée. Elle fut vendue à presque tous les pays et devint un succès international.

△ ***Illustrations de livres***
L'Ours Paddington, dessiné par Peggy Fortnum.

▽ ***Star de la télévision***
Marionnette Paddington de la série télévisée de la BBC, animée par des tiges d'acier et des roulements à billes.

△ ***Pantoufles***
Pantoufles Paddington.

Les Débuts de la Commercialisation

On trouva du papier peint Paddington dès 1967, mais l'ours ne fut réellement commercialisé que vers 1970. L'une des premières licences accordées fut celle de Gabrielle Designs, producteur en Angleterre du premier jouet en peluche Paddington, en 1972. Depuis 1975, Eden Toys Inc., basé à New York, possède une licence pour la fabrication de cet ours en peluche dans le reste du monde. Il diffère du Paddington anglais par l'absence d'épingle à nourrice sur son chapeau, en opposition avec les normes de sécurité américaines.

Des Jeux de Société aux Sonnettes de Bicyclette

La popularité de Paddington fut si considérable que Michael Bond décida de créer « Paddington and Co. », pour le contrôle des licences de centaines de produits : des jeux de société aux sonnettes de bicyclette, des chocolats aux cassettes. En 1978 s'ouvrit à Londres une boutique, Paddington and Friends, consacrée à ce personnage célèbre dans le monde entier. On peut voir une exposition permanente d'articles Paddington au London Toy and Model Museum, près de Paddington Station, à Londres, et un grand ours portant ce nom trône dans la gare depuis 1978.

△ **Apprendre avec Paddington**
Paddington se régale avec son « elevenses », terme familier anglais désignant un en-cas pris dans la matinée. Ses livres sont utilisés à l'étranger pour l'apprentissage de la langue et des coutumes anglaises.

◁ **Ours botté**
Shirley Clarkson, de Gabrielle Designs, donna à Paddington des bottes Wellington. Michael Bond les fit ensuite figurer dans ses récits. Elles portent la marque de pattes et PB (Paddington Bear) inscrit sous la semelle.

△ **La Tante Lucy de Paddington**
Gabrielle Designs créa aussi Tante Lucy. Selon la légende « paddingtonienne », Tante Lucy s'est occupée du jeune ourson avant son voyage en Angleterre. Elle porte les habits traditionnels péruviens, dont le chapeau melon.

« Joycie »

VERS 1960 JOY TOYS

« Joycie » fut produit par l'un des premiers fabricants australiens d'ours en peluche. A la fin des années 20, Gerald Kirby et sa femme avaient établi à Melbourne cette société florissante commercialisant une large gamme de jouets en peluche. Reprise par Lines Brothers en 1966, elle disparut à la fin des années 70.

OREILLES
« Joycie » a de petites oreilles rondes, placées en équerre, et à cheval sur la couture traversant le sommet de la tête.

YEUX
Les jolis yeux bleus en verre ont des tiges croisées en métal, fixées par un solide fil de coton noué à l'arrière de la tête.

VOIX
« Joycie » a un mécanisme de couinement importé d'Allemagne de l'Ouest, consistant en un ressort rond, enfermé dans du vinyle souple transparent ; un dessus en vinyle transparent plus épais contient l'anche. Un creux dans le rembourrage abrite la boîte.

PIEDS
Jambes droites, non articulées. Des demi-cercles de peluche de mohair forment le dessus des gros pieds.

Coussinets ovales en même peluche de jersey synthétique rose pâle que le corps

Le museau épaté pointe légèrement

Bouche en fil noir

Bras remontant légèrement

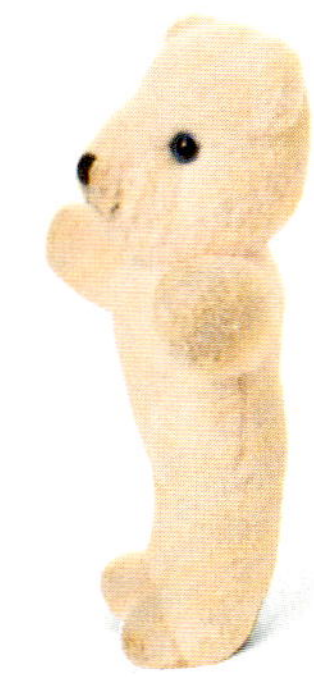

Profil *On remarque, sous cet angle, combien le corps sans aucune articulation de « Joycie » est plat, en particulier le torse et les jambes.*

NEZ
Le nez carré est formé de plusieurs points verticaux en fil noir.

BRAS
Les bras courts, non articulés, sont cousus sur les côtés du corps et tendus en un geste de tendresse. Aucune griffe n'est indiquée.

REMBOURRAGE
Le rembourrage est en mousse plastique, moulé spécialement pour être inséré dans la peau de peluche jersey.

MARQUE DE FABRIQUE
Une étiquette imprimée, avec le nom du fabricant, est pliée et prise dans la couture intérieure de la jambe droite.

H : 31 cm

FOURRURE : peluche jersey synthétique rose pâle
YEUX : moyens, bleus, verre, pupille noire
OREILLES : petites, rondes, en équerre sur couture
MUSEAU : écrasé et légèrement en avant

NEZ : brodé main, carré, noir
BRAS : ni patte, ni coussinet, ni griffes
PIEDS : proéminents, coussinets peluche, sans griffes
REMBOURRAGE : mousse plastique moulée à la forme du corps

Marque de fabrique

« Leon »

1962 H.G. STONE & CO. LTD

« Leon », un autre ours Hugmee (voir p. 67), fut fabriqué à l'usine H.G. Stone de Pontypool, pays de Galles, avant la mort de son parrain, Leon Rees, l'un des fondateurs de la compagnie. En 1964, H.G. Stone fut repris par Dunbee-Combex-Marx, firme anglaise produisant des poupées et des jouets en vinyle.

VOIX
On sent, dans le corps rond, une petite boîte à couinement fonctionnant encore, sans doute du type avec carton, ressort et toile cirée (*voir p. 73*).

Yeux plastique ambre et noir, sans danger, verrouillés

PIEDS
Grands pieds aux longs coussinets pointus en velours, renforcés avec du carton. Les ours Chiltern semblables, aux coussinets en Rexine, sont plus anciens.

Malgré l'installation de H.G. Stone à Pontypool, la firme garde le nom de Chiltern pour ses ours

MARQUE DE FABRIQUE
Étiquette imprimée insérée dans la couture du côté gauche, sous le bras. « Leon » porte également une carte imprimée volante indiquant qu'il a reçu le certificat de l'Institut royal de santé publique et d'hygiène.

Peluche mohair couleur miel

Mince bouche noire, brodée en soie

Profil *On remarque, sous cet angle, l'arrière plat de la tête de « Leon », typiquement Chiltern, avec son grand front et son museau avançant légèrement.*

NEZ
Le petit nez de « Leon » ressemble à un écusson héraldique. Il est formé de points verticaux en fine soie à broder noire. Les ours Chiltern de cette période avaient aussi des nez en plastique moulé rose, mais la firme, préférant la méthode traditionnelle, revint au nez piqué.

BRAS
Les bras sont plus longs que les jambes, mais sont effilés, avec de très larges épaules. Ils sont incurvés de la manière habituelle.

GRIFFES
Cinq griffes sont cousues sur la peluche miel de chaque pied et seulement quatre aux pattes, à cheval sur coussinet et peluche.

Le fil utilisé pour les griffes est en double épaisseur

H : 53 cm

FOURRURE : peluche mohair couleur miel	NEZ : brodé main, en écusson, noir
YEUX : ambre, sans danger, plastique, pupille noire	BRAS : incurvés, longs coussinets beiges, griffes
OREILLES : longues, étroites, froncées à la base	PIEDS : grands, renforcés, coussinets velours, griffes
MUSEAU : épaté, pointant légèrement, rond	REMBOURRAGE : kapok et paille de bois

⁂ LA CONSÉCRATION ⁂

A la fin des années 60 et au début des années 70, un certain nombre de personnes et d'événements devaient avoir une influence durable sur l'évolution de l'ours en peluche. Le livre The Teddy Bear Book*, de l'acteur anglais Peter Bull, publié en 1969, fut le précurseur de ce qui allait devenir le vaste mouvement international d'arctophilie. Non seulement l'ouvrage passait en revue l'histoire de l'ours en peluche, ses origines et le développement de l'industrie le concernant, mais il étudiait aussi la relation unique du jouet avec son possesseur et sa signification affective.*

LA RENAISSANCE

L'engouement pour ce jouet fut accentué par les livres et événements qui suivirent l'année internationale de l'Enfant, en 1979. Grâce à eux et au travail de Good Bears of the World – organisation distribuant des ours aux enfants nécessiteux –, de nombreuses personnes se rassemblèrent autour de ce nouveau centre d'intérêt : l'ours en peluche. Cette période vit la renaissance du jouet, véritable frénésie semblable à celle des premiers temps, que les multimédias et l'avance technologique rendirent encore plus spectaculaire.

△ ***Santa Claus (Père Noël anglais)***
Ours miniature habillé en Santa Claus, œuvre de l'artiste américaine Linda Kuch.

△ ***Marque***
Applause fut d'abord une branche de la célèbre Knickerbocker Toy Co.

△ ***Créateur d'ours***
Marque du célèbre créateur d'ours américain Mac Pohlen, installé en Californie.

CHANGEMENT DE MAINS

La vague de nostalgie, la prise de conscience du grand public de son héritage et de la valeur de l'artisanat encouragèrent l'établissement d'industries familiales, fabriquant l'ours traditionnel à partir d'un mélange de matériaux naturels et modernes. Avec la récession économique mondiale des années 70, on vit disparaître, vers 1980, beaucoup des principaux fabricants. Ainsi, des produits appartenant à la firme anglaise Palitoy, propriétaire de la marque Chad Valley, et à Pedigree Soft Toys Ltd, furent cédés à la société américaine Hasbro, autrefois Hassenfield Brothers Inc., qui devait devenir leader mondial dans le domaine du jouet. Ces multinationales jouent aujourd'hui un rôle important dans la fabrication de l'ours en peluche.

▽ ***Peter Bull***
L'acteur Peter Bull, également auteur d'ouvrages sur les ours en peluche.

DE NOUVELLES NORMES DE SÉCURITÉ

Les lois concernant la résistance au feu et la toxicité des jouets furent sans cesse révisées. En 1977, les normes de sécurité commenceront à devenir obligatoires. Malgré le succès du premier ours lavable, beaucoup de modèles portèrent l'étiquette « lavable en surface seulement ».

△ ***Ours aux bijoux***
Cet ours, aujourd'hui au Teddy Bear Museum, à Stratford-upon-Avon, Angleterre, appartenait à la romancière Barbara Cartland.

△ ***Création américaine***
Cet ours est l'œuvre du créateur d'ours américain contemporain Ginger T. Brame.

△ ***Mascotte et vitesse***
Gina Campbell avec la mascotte de son père, Donald Campbell, s'apprêtant à battre un nouveau record de vitesse sur l'eau, en 1984.

OURS ET ARTISTES

La fin des années 70 vit la montée des créateurs d'ours en peluche, phénomène propre tout d'abord aux États-Unis, mais qui, dans les années 80, s'étendit au monde entier. Parmi les précurseurs de ce mouvement, on trouve des noms tels que Dee Hockenberry (*voir p. 113*), Beverly Wright, Flore Emory et Doris et Terry Michaud. Ces artistes créaient et fabriquaient artisanalement des ours, souvent de style traditionnel, en séries limitées. Certains d'entre eux choisirent d'exagérer la forme de base, comme Ballard Baines et Linda Spiegel, qui réalisèrent des créatures plutôt surnaturelles, aux membres minces et recourbés. D'autres utilisèrent des matériaux originaux comme, aux États-Unis, Beverly Port et ses ours à face de porcelaine, ou Robert Raikes et ses modèles à face en bois (*voir p. 109*).

CRÉATIVITÉ ET FANTAISIE

Certaines des plus grandes firmes commencèrent à utiliser des tissus non traditionnels. Le VIB aux couleurs vives de la North-American Bear Co. (*voir pp. 94-95*) ou les ours en tissu éponge de Gabrielle Designs en sont des exemples. Les fabricants laissèrent libre cours à leur imagination et l'ours revêtit de nombreuses personnalités : vampire, squaw, Santa Claus ou Santa Lucia. Les plus récents sont les ours déguisés, tels le Bunny Bear de Bev Miller et les Bumble Bears (bourdons) de Flore Emory et Ginger T. Brame, avec ailes et antennes, et corps en peluche rayée. L'ours atteignit le statut d'œuvre d'art lorsque l'Ours Sapin de Noël de Kimberlee Port, couvert de décorations, fut exposé dans une galerie de New York en 1987.

DES ARTICLES DE LUXE

Ces ours, élaborés plus pour les adultes que pour les enfants, étaient considérés comme articles de luxe, le cas extrême étant l'ours en vison, vendu très cher chez Fortnum and Mason, à Londres, en 1980. Certains d'entre eux sont destinés au collectionneur et reprennent les traits allongés des premiers ours. Ceux de Naomi Laight (*voir p. 108*) et de Susan Rixon (*voir p. 111*) en sont des exemples. Certains artistes sont revenus aux yeux en bouton de bottine ou en verre. Dans ce cas, l'ours porte une étiquette indiquant qu'il ne convient pas à un enfant.

△ ***Socquettes***
L'effigie de l'ours se trouve aujourd'hui sur toutes sortes d'articles.

△ ***Joyeux anniversaire***
Les ours de l'artiste américaine Bev Wright ont leur date de naissance inscrite sur une étiquette volante.

▽ ***Œuvres d'artistes américains***
Créations de quelques artistes américains contemporains.

◁ ***Accessoire oriental***
Guirlande en papier fabriquée à Taiwan pour le marché américain.

LES MATÉRIAUX

Deux types d'ours ont surgi récemment : pour les enfants, des modèles douillets, non articulés, en matériaux sans danger, entièrement synthétiques et parfaitement lavables ; pour les collectionneurs, des ours traditionnels articulés, avec de longs membres, un museau et une bosse, en matériaux naturels comme la peluche de mohair. Il existe également, grâce aux puces électroniques insérées dans leur corps, des ours parlant et marchant.

ARTICULATIONS
On voit apparaître rondelles et goupilles d'un seul tenant, en plastique moulé.

Œil plastique sûr, avec rondelle métal

NEZ
Le nez de plastique moulé réaliste ou stylisé est généralement maintenu par une rondelle.

Yeux boutons de bottine plastique

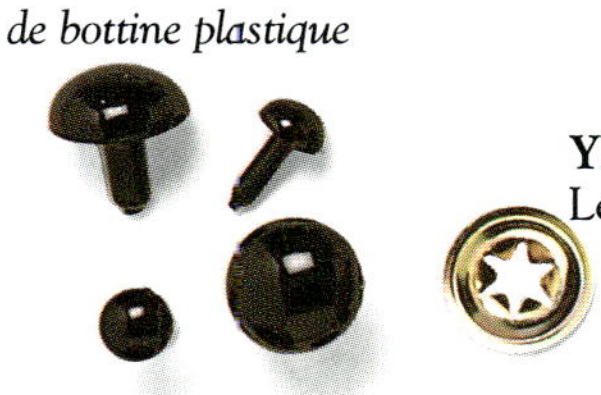

YEUX EN BOUTON DE BOTTINE
Les petits yeux en bouton de bottine, copies de modèles traditionnels, sont maintenus par des rondelles modernes et sûres.

Couvercle plastique

Rondelle métal

YEUX EN PLASTIQUE
Des yeux sûrs, verrouillés, en plastique, se trouvent dans une grande variété de tailles et de couleurs. Ils sont fixés par une rondelle métallique à laquelle s'ajoute parfois, pour plus de sécurité, un couvercle en plastique.

TISSU
Les ours pour enfants sont en peluche de tissu artificiel. On note cependant un net retour aux fibres naturelles, comme le mohair, pour les ours de collection. Le mohair dit « vieilli » est apparu au milieu des années 80.

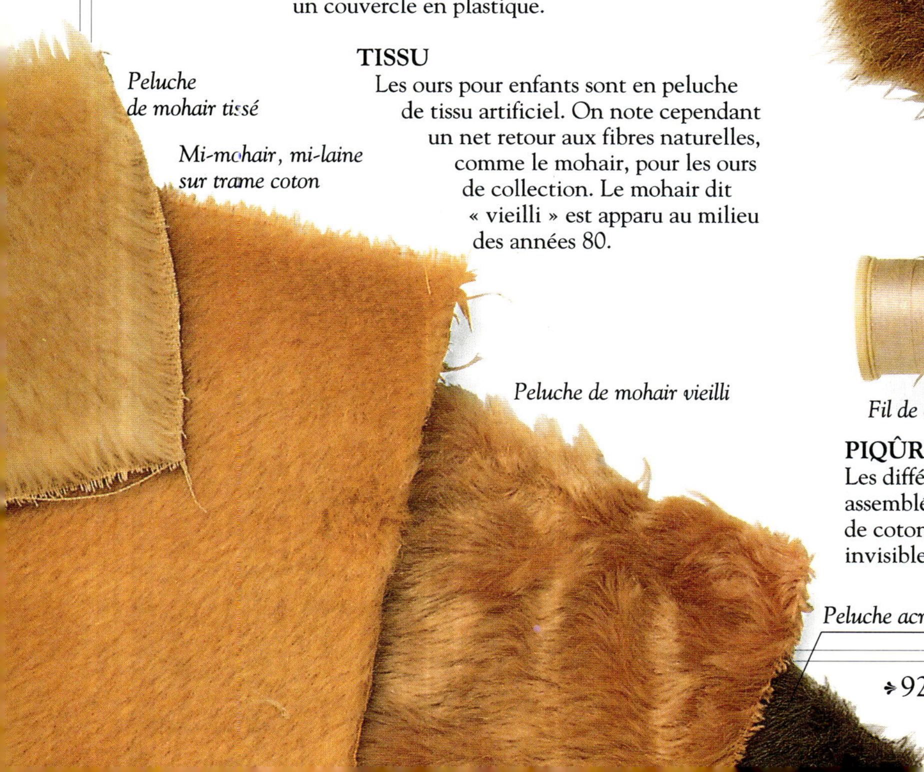

Peluche de mohair tissé

Mi-mohair, mi-laine sur trame coton

Peluche de mohair vieilli

Peluche acrylique sur trame jersey

Fil de coton

Fil de nylon

PIQÛRES MACHINE
Les différentes parties de l'ours sont assemblées à la machine avec du fil de coton ou synthétique. Le nylon invisible, solide, est devenu courant.

Mousse plastique en morceaux

Paille de bois

Ossature plastique pour mini-ours

MINI-OURS
Les ours miniatures ont une ossature en plastique moulé, avec membres et tête pivotants.

Dralon

Peluche synthétique

DÉTAILS
On utilise toujours le coton à broder, mais également la laine, pour dessiner, à la main, nez, bouche et griffes.

Laine

Coton à broder

TISSU DE COUSSINET
Les fibres artificielles comme le Dralon sont très utilisées, mais on préfère le daim ou la peau de chamois pour les ours traditionnels.

Feutres de couleur

Suédine

Daim

1988 APPLAUSE
Fabriqué en Californie, rembourré de polyester, cet ours non articulé a une peluche artificielle, des yeux sans danger – copies en plastique de boutons de bottine –, un nez en plastique verrouillé et une bouche brodée.

Boîte à musique japonaise, couvercle plastique transparent

BOÎTE A MUSIQUE
Inséré dans le plastique depuis les années 60, le mécanisme suisse (*voir p. 37*) est aujourd'hui fabriqué par des firmes japonaises.

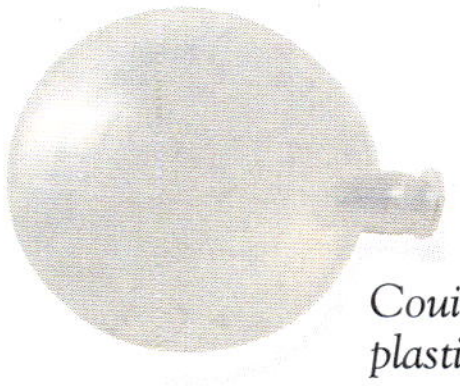

Couinement plastique, plat

Couinement plastique accordéon

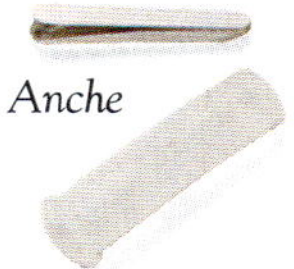

Anche

Tube plastique pour anche

GROGNEMENT A BASCULE
Poids et soufflet sont désormais dans un étui plastique. Le grognement sort par un couvercle perforé.

Haut-parleur perforé

COUINEMENT
Couinement en plastique mince moulé, plat ou en accordéon. Les deux systèmes ont une anche en métal et plastique, protégée par un tube en plastique.

Ouate polyester

Mélange mousse plastique et granules polystyrène

Bourre de coton ordinaire

REMBOURRAGE
La paille de bois est préférée pour la tête des ours de collection. La mousse plastique en morceaux et les granules de polystyrène utilisés dans les années 50 et 60 se désagrègent et dégagent des fumées toxiques en cas d'incendie ; ils furent donc remplacés par l'ouate polyester vers 1970. La bourre de coton ordinaire est encore utilisée pour les ours bon marché.

Les Tenues Vestimentaires

Avec l'apparition de l'arctophilie et la réapparition, vers 1970, de l'ours articulé traditionnel, les garde-robes bien fournies redevinrent à la mode. La créativité qui, dès avant la Seconde Guerre mondiale, avait disparu, fit un retour en force, chaque entreprise s'efforçant alors de tenter le collectionneur avec un nouvel habit. Les ours ne pouvaient, semblait-il, rester plus longtemps nus. On décida de les utiliser dans diverses situations et occupations, prétextes à vêtements faciles à porter par un animal à fourrure et dressé sur ses pattes. Aux États-Unis, en particulier, l'imagination de certains fabricants se débrida. Ces ours de créateurs ne sont cependant accessibles qu'à l'acheteur fortuné.

△ ***Ours Biggles***
Souvenir d'aéroport, fabriqué vers 1980.

Les Ours en Uniforme

Les années 70 furent difficiles pour l'industrie du jouet, mais plusieurs fabricants produisirent néanmoins de drôles d'ours habillés. Le Hockey Bear de Steiff, 1972, a un maillot en peluche bleue intégré au corps et arbore un numéro. Merrythought continua la grande tradition de l'ours en uniforme, avec les Beefeater, Policeman, Guardsman et Highlander. Ceux-ci furent d'abord fabriqués au début des années 70, puis à nouveau dans les années 80. Entre-temps, le vingtième anniversaire de son très célèbre ours Cheeky (*voir p. 83*), en 1977, fut commémoré par le lancement de Bedtime Bear, portant pyjama et robe de chambre rouge vif. La North-American Bear Co., installée à Chicago, sortit une gamme de personnages historiques célèbres, dont Napoléon « Bearnaparte » et la Statue of « Libearty ». On vit des ours sportifs, comme le Golfeur de Hermann, avec sa culotte de golf et sa casquette écossaises, et son caddy. Bocs Teganau fit un ours habillé en Geoffrey Boycott, le célèbre joueur de cricket anglais, portant la panoplie complète du sportif et tenant une batte miniature.

◁ ***Ours écolier***
Cet ours, avec son cartable en cuir, fut fabriqué en série limitée de 100 exemplaires par la firme anglaise Dormouse Designs, en 1989.

△ **Ours marin**
Série limitée Bob Raikes fabriquée en 1985.

Les Vêtements de Stylistes

Comme à l'époque de la folie des ours, au début du siècle, divers fabricants essayèrent de répondre à la demande croissante de vêtements. Aux États-Unis, la North-American Bear Co. produisit la famille Vander Bear, dotée d'une quantité de vêtements divers et d'accessoires, vrai bonheur des collectionneurs, tels ceux de la soirée musicale et les tenues de nuit victoriennes. En Angleterre, les petites firmes suivirent la tendance. Ainsi, la Bear Wear Co., installée dans le Sussex, produisit une série limitée de pulls tricotés main et autres tenues originales. On fabriqua une gamme d'ours connus sous le nom de Sloane Ranger Bears (d'après une petite élite de la société londonienne de Sloane Square). Ces ours avaient des vêtements Sloane Square appropriés : combinaisons de sports d'hiver, confortables vestes Barbour pour la campagne. Les randonneurs anglais furent aussi parodiés, avec les English Lakeland Bears, portant alors la tenue traditionnelle du marcheur et les chaussures North Country. Mais, aujourd'hui comme hier, tous les petits enfants continuent à s'exercer sur l'écharpe ou le pull de nounours chéri, avec « un point à l'envers, un point à l'endroit » maladroits, et l'on verra encore quantité d'habits faits maison.

△ **La star**
Humphrey Beargart fut fabriqué par la North-American Bear Co.

△ **Henry et Caroline**
Créés par Shirley Clarkson, de Gabrielle Designs, Henry et Caroline font partie de la gamme des Sloane Rangers représentant des jeunes cadres dynamiques, les « yuppies ».

◁ **La mariée**
Cette charmante mariée et son époux furent reproduits par Franklin Mint à la fin des années 80, d'après les ours de la collection du colonel Bob Henderson (voir pp. 122-123).

L'ÉVOLUTION

La popularité de l'ours en peluche, qui, comme un ouragan, avait déferlé sur le monde au début du siècle, est revenue avec une vigueur accrue ces dernières années. Les fabricants ont rivalisé pour répondre aux exigences de l'arctophile passionné, lui fournissant tous les accessoires possibles inspirés par l'ours : bijoux, ornements, habits, articles ménagers, clips magnétiques, téléphones à touches, etc. Les ours miniatures, en vogue dans les années 30, sont redevenus à la mode, en même temps que les maisons de poupées et les collections de modèles réduits. Grâce à l'avance technologique de l'industrie électronique, plusieurs ours parlants sont apparus sur le marché international vers le milieu des années 80.

△ ***Pin's ours***
Épingle de revers Steiff 1984.

LES STARS DE LA TÉLÉVISION

Le succès de la commercialisation de héros audiovisuels, comme Paddington au début des années 70 (*voir pp. 86-87*), en inspira d'autres. Les plus remarquables furent Super Ted et plus tard Tough Ted, tous deux personnages, à l'origine, de livres pour enfants. L'ours Tough Ted, créé par Simon Bond, était un ancien membre de la marine marchande, qui tenait un café situé sur la côte. Après son apparition à la télévision, ce petit personnage fut reproduit en peluche par Golden Bear Products, avec une oreille déchirée, une barbe d'un jour et des tatouages.

◁ ***Super Ted***
Super Ted, de Mike Young, était à l'origine un personnage de livre pour enfants. Il figura dans un dessin animé à grand succès, diffusé sur les télévisions du monde entier, dans les années 80. Cette version fut fabriquée aux États-Unis.

◁ ***Ours à l'école***
Ourson créé par l'artiste Elaine Fujita-Gamble. Il a un bureau, des livres et une pomme pour son goûter.

▷ ***Teddy Ruxpin***
Commercialisé en 1984 par la grande fabrique de jouets américaine, Mattel, Teddy Ruxpin parle, grâce à une cassette racontant une histoire.

△ **Ours manchon-sac à main**
Fabriqué par Merrythought dans les années 80.

La Dernière Trouvaille

Les fabricants s'efforcent constamment de détenir le dernier ours fantaisie en date. La production de modèles réduits est devenue une forme d'art très sérieuse. Aux États-Unis, des artistes tels qu'Elaine Fujita-Gamble, Dickie Harrison, Linda Kuch et Laurie Sasaki créent des ours miniatures dignes de collection, et, en Angleterre, les exemplaires minuscules d'Anita Oliver – dont certains n'ont que 2,5 cm de haut – sont très recherchés : ils sont articulés de façon traditionnelle, cousus à la main et rembourrés de kapok. Les ours miniatures sont également fabriqués en céramique, argent, étain, cristal, matériaux synthétiques modernes. Ceux en mousse ou en mie de pain sont particulièrement originaux. Le plus extraordinaire est peut-être Mr Bills, créé en 1987, avec du polyéthylène transparent et rembourré avec un quart de million de dollars en billets d'un dollar déchirés. Puis les fabricants essayèrent de créer un ours à voix réaliste, grâce à la puce électronique. Le Bingo Bear de Hasbro possède un vocabulaire de quatre cents mots, qu'il utilise lorsqu'on le prend dans les bras ou qu'on lui gratte le menton. Le Teddy Ruxpin de Mattel remue le nez, ouvre et ferme la bouche, en parfaite synchronisation avec sa voix, laquelle est sur cassette.

△ **Ours à ressort**
Ce minuscule ours a la taille d'un timbre-poste.

▽ **Ours chaise**
Siège d'enfant en pin, fabriqué par la firme anglaise Bear Essentials.

◁ **Ours porte-monnaie**
La créatrice Sue E. Foskey réalisa ce porte-monnaie en 1987. L'ours grogne quand on ferme le rabat.

▷ **Fozzie Bear**
Le Fozzie Bear original, aujourd'hui pièce de musée en Angleterre, fut conçu par Jim Henson, créateur disparu des Muppets.

« Darren »

1975 PEDIGREE SOFT TOYS LTD

« Darren » fut fabriqué à Canterbury, en Angleterre, où se trouvait Pedigree pendant les années 70 et 80, jusqu'à sa faillite en 1988. En 1966, la firme fusionna avec Rovex Industries Ltd, branche du Lines Brothers Group. Les deux entreprises furent reprises par Dunbee-Combex-Marx en 1972.

OREILLES
Les grandes oreilles plates et étroites sont cousues sur les côtés, plus que sur le dessus de la grosse tête.

YEUX
Les yeux verrouillés, sans danger, sont en plastique ambre et noir, et placés juste à l'intérieur de chaque couture.

VOIX
Le corps rond de « Darren » abrite un grognement à bascule moderne en plastique. L'emballage d'origine de l'ours annonçait « Je grogne ».

Bouche piquée mince et noire

PIEDS
Les pieds trapus ont des coussinets ovales de forme irrégulière, en velours synthétique brun foncé, et n'ont pas de griffes.

MARQUE DE FABRIQUE
Étiquette en satin imprimée, portant le nom du fabricant, repliée et insérée dans le bas de la couture du dos.

Profil *On voit bien, sous cet angle, la grosse tête et les grandes oreilles, le petit museau arrondi, pointant légèrement, et les membres trapus.*

Peluche de nylon rase à trame tissée

NEZ
« Darren » a un nez en plastique moulé noir, ressemblant un peu à celui d'un chien, et fixé à l'arrière du museau avec une rondelle.

Le ruban est d'origine

BRAS
Les bras sont recourbés vers le haut, de la même longueur que les jambes et plus larges au milieu qu'à l'épaule et à la patte.

Peluche dorée ininflammable, à trame jersey

H : 40 cm

FOURRURE : dorée, peluche nylon ignifugée
YEUX : ambre, sans danger, plastique, pupille noire
OREILLES : grandes, larges, plates sur le côté
MUSEAU : pointant, peluche nylon rase
NEZ : plastique moulé, noir, comme une truffe
BRAS : courts, coussinets synthétiques bruns, sans griffes
PIEDS : trapus, coussinets synthétiques bruns, sans griffes
REMBOURRAGE : mousse plastique en morceaux

« Trayton »

1976 MERRYTHOUGHT LTD

De 1965 à 1985, Merrythought fabriqua une série d'ours traditionnels en neuf tailles, dont ce spécimen, le plus petit, sortit en 1975. Avant la Seconde Guerre mondiale, la peluche provenait des usines du Yorkshire, en Angleterre, mais le mohair utilisé aujourd'hui par Merrythought est en grande partie importé, souvent d'Extrême-Orient.

YEUX
Les petits yeux en plastique noir et ambre sont verrouillés. Fixés assez bas, ils donnent à « Trayton » le grand front typique de l'ours anglais récent.

Grandes oreilles plates à cheval sur les coutures

***Profil** « Trayton » est typique des ours anglais récents, avec son museau plat et arrondi, ses bras et ses jambes de même longueur, ses pieds presque inexistants et son corps mince et droit.*

BRAS
Les bras courts sont effilés, à pattes fines et incurvées vers le haut. Coussinets synthétiques bruns.

Bouche en V inversé

NEZ
Le nez presque rond est brodé avec des points noirs verticaux et quelques-uns horizontaux sur le dessus.

Peluche de mohair « or Londres », comme Merrythought surnomme cette couleur

Flamboyant nœud rouge d'origine

PIEDS
Les très petits pieds sont à peine distincts des jambes. Les coussinets en jersey synthétique sont de forme irrégulière.

MARQUE DE FABRIQUE
Étiquette imprimée sous le pied droit et label volant.

FOURRURE : peluche pur mohair, « or Londres »	NEZ : brodé main, rond, noir
YEUX : ambre, sans danger, plastique, pupille noire	BRAS : courts, coussinets synthétiques, sans griffes
OREILLES : grandes, plates, droites, à cheval sur coutures	PIEDS : petits, coussinets synthétiques, sans griffes
H : 25 cm — MUSEAU : trapu, rond, pointant légèrement	REMBOURRAGE : kapok, museau paille de bois

Marque de fabrique

« Brummy »

1977 CHILTERN/CHAD VALLEY

En 1967, Chiltern Soft Toys fut absorbé par Chad Valley, qui devint ainsi la plus grande firme de jouets en peluche d'Angleterre. Dix ans plus tard, « Brummy » fut produit à Birmingham. En 1978, Palitoy racheta Chad Valley, avant d'être à son tour repris par la compagnie américaine Kenner Parker, à la fin des années 80.

OREILLES
Les grandes oreilles plates et rondes, piquées, droites, sont à cheval sur les coutures.

YEUX
Les yeux en plastique ambre et noir sont verrouillés, comme chez la plupart des fabricants.

Profil *Cet angle montre combien l'ours est plat, son corps mince, sa tête petite et ses membres courts.*

VOIX
Couinement accordéon (*voir pp. 92-93*), en plastique rouge, à l'intérieur du corps.

NEZ
Le petit nez presque carré de « Brummy » est brodé main au fil noir. Il ressemble davantage à celui des premiers ours Chiltern qu'au long nez très épais facilement reconnaissable des modèles Chad Valley.

PIEDS
Les petits pieds, aux coussinets en forme de goutte, sont en jersey synthétique. L'absence de griffes brodées est typique des ours anglais de cette époque.

MARQUE DE FABRIQUE
Chad Valley et Chiltern sont imprimés avec le Royal Warrant (garantie royale accordée à Chad Valley en 1938), sur une étiquette volante en carton.

BRAS
Les bras courts sont légèrement incurvés, de la même longueur que les jambes, à pattes recourbées.

H : 30 cm

FOURRURE : peluche mohair de luxe, couleur or
YEUX : ambre, sans danger, plastique, pupille noire
OREILLES : rondes, plates, à cheval sur coutures
MUSEAU : trapu et pointant légèrement
NEZ : brodé main, carré, noir
BRAS : courts, coussinets synthétiques bruns, sans griffes
PIEDS : petits, coussinets synthétiques bruns, sans griffes
REMBOURRAGE : bourre tissu synthétique coloré

Marque de fabrique

Bigo Bello

VERS 1970 SCHREYER & CO.

Bigo Bello est l'un des jouets en peluche de Schuco, faits pour se plier dans tous les sens. L'ours parle si l'on tire un cordon sortant de son flanc. La gamme déposée fut produite à partir des années 60, avant la reprise de la firme, en 1976, par Dunbee-Combex-Marx, l'un des leaders de l'industrie du jouet en Europe.

OREILLES
Les oreilles plates sont légèrement incurvées et insérées droit, à cheval sur la couture.

YEUX
Les yeux en verre transparent, au fond peint en brun et à la pupille noire, sont typiquement Schuco. Ils sont fixés par des tiges en fil de fer à crochets.

VOIX
Le ventre en paille de bois contient un mécanisme courant à la fin des années 50. Quand on tire le cordon sur le flanc de l'ours, un disque miniature, protégé par une boîte plastique, débite huit phrases en allemand : « Hello, maman », « Mon nom est Bigo Bello », « Embrasse-moi »...

Coussinets en peluche de rayonne rase, couleur crème, sans griffes

MEMBRES
Bigo Bello n'est pas articulé, mais une armature métallique flexible permet de lui faire prendre de nombreuses positions.

Longue peluche de soie artificielle brune sur trame tissée

Bras et jambes flexibles, peu rembourrés

Profil *Bigo Bello a un ventre rond et des jambes droites, non articulées. On aperçoit, sous cet angle, l'anneau en plastique qui sert à actionner la voix.*

Un seul point vertical noir relie le nez à la bouche

NEZ ET MUSEAU
Le nez noir est en vinyle dur. Il est collé au museau de peluche rase, artificielle, la même que celle des coussinets.

Carte imprimée et ruban crème fixés sur la poitrine

BOUCHE
Cet ours Schuco a la bouche ouverte, comme son cousin plus âgé, « Heinrich » *(voir p. 59)*. Mais celle de Bigo Bello est doublée avec du feutre couleur chair et sa langue est marquée par une touche de peinture rouge. Le bord de la mâchoire est défini par une mince ligne marron.

H : 40 cm

FOURRURE : peluche soie artificielle, brune, longue
YEUX : moyens, verre, fond peint brun
OREILLES : petites, un peu incurvées, à cheval sur coutures
MUSEAU : peluche soie artificielle rase

NEZ : vinyle moulé, lisse, ovale, noir
BRAS : non articulés, coussinets crème, sans griffes
PIEDS : grands, coussinets crème, sans griffes
REMBOURRAGE : paille de bois, peu rembourré

Marque de fabrique

Bully Bear

1981 THE HOUSE OF NISBET LTD

En 1953, House of Nisbet commença comme fabricant de poupées, puis, en 1978, se mit à faire des ours en peluche de collection. Alison Wilson, fille du fondateur, créa Bully Bear pour la gamme Nisbet Childhood Classics, en s'inspirant d'un spécimen appartenant à Peter Bull, acteur anglais et arctophile disparu.

OREILLES
Les oreilles rondes et plates sont érigées, et à cheval sur les coutures.

YEUX
Les yeux verrouillés, en plastique ambre et noir, sont placés contre le bord extérieur des coutures de la face.

Nez presque carré

NEZ
Le nez de Bully Bear est brodé main, avec des points noirs verticaux, dont certains relient le centre à la bouche piquée.

Bouche mince, brodée main avec du fil noir

PIEDS
Les gros pieds trapus, aux coussinets en forme de goutte, sont en velours synthétique couleur pain d'épice.

Coussinets velours synthétique couleur pain d'épice

Trois griffes marquées au coton à broder noir

Profil *A noter, la ressemblance de Bully Bear avec l'ours « Aloysius » de Peter Bull* (voir p. 118) *: museau de renard, grosse bosse et longs membres.*

Peluche mohair et laine sur trame coton

BRAS
Les bras, aussi longs que les jambes, s'incurvent légèrement vers le haut à la patte.

MARQUE DE FABRIQUE
Une étiquette tissée, portant le logo de House of Nisbet, est sous le pied gauche, et une autre imprimée, identique, piquée dans la couture sous le bras gauche.

H : 45 cm

FOURRURE : peluche dorée, mohair et laine
YEUX : ambre, sans danger, plastique, pupille noire
OREILLES : moyennes, rondes, plates, droites
MUSEAU : très long et pointu, en museau de renard
NEZ : brodé main, carré, noir
BRAS : incurvés, coussinets synthétiques, griffes
PIEDS : grands, coussinets synthétiques, griffes
REMBOURRAGE : ouate synthétique

Marque de fabrique

Flash

1980 CANTERBURY BEARS

Flash fut le premier ours fabriqué par cette firme familiale, établie en 1980. Installés à Canterbury, en Angleterre, John et Maude Blackburn et leurs trois enfants produisent toujours divers ours traditionnels et exportent des commandes particulières dans le monde entier. (Des copies de Flash existent également.)

OREILLES
Les oreilles, particulièrement grandes, retombent sur les côtés, de la même manière que celles de « Miss Jessie Criddle » de 1930 (*voir p. 60*).

Lunettes à l'ancienne mode

BRAS
Relativement courts et replets, ils s'amincissent seulement vers la patte.

Gros yeux en plastique ambre, sans danger, verrouillés à l'intérieur

FOURRURE
Longue, marron clair, en tissu synthétique à trame jersey. La trame de la peluche de la copie de Flash est tissée.

PIEDS
Les grands pieds et les coussinets étroits sont semblables à ceux des premiers ours.

Coussinets en peau de chamois crème

***Profil** Les oreilles tombantes et extraordinairement longues de Flash le font davantage ressembler à un chien qu'à un ours.*

Museau proéminent, mais trapu

NEZ
Le nez, en plastique moulé, est plus proche de celui des ours des années 50 que du nez brodé des premiers modèles traditionnels.

ACCESSOIRES
L'ours Flash porte fièrement une rangée de six décorations britanniques des deux guerres mondiales et une autre médaille, américaine, qu'il reçut lors d'une exposition en Californie. Ici, les lunettes accentuent son air distingué.

H : 84 cm

FOURRURE : peluche artificielle longue, brun clair
YEUX : grands, ambre, sans danger, plastique, pupille noire
OREILLES : grandes, tombantes, pendant sur le côté
MUSEAU : grand, trapu et proéminent
NEZ : plastique moulé, réaliste, noir
BRAS : épais, coussinets cuir crème, sans griffes
PIEDS : grands, coussinets cuir crème, sans griffes
REMBOURRAGE : synthétique

Marque de fabrique

« Johann »

VERS 1970 GEBRUDER HERMANN

« Johann » est l'un des milliers d'ours de première qualité, faits main, exportés par ce grand fabricant allemand de jouets en peluche. Depuis les années 60, Gebrüder Hermann est dirigé par les trois frères Hermann, Artur, Werner et Hellmuth, petits-fils du fondateur.

OREILLES
« Johann » a des oreilles plates, particulièrement petites, érigées, à cheval sur les coutures.

YEUX
Les yeux sont en verre ambre et noir, et sont fixés avec des tiges en fil de fer. Ils sont placés à l'extérieur des coutures de la face, au ras du museau.

Peluche de mohair rase sur le museau

MARQUE DE FABRIQUE
L'étiquette métallique de la firme Hermann est toujours attachée à la poitrine de l'ours avec un cordon rouge, mais son dessin a changé au cours des années, ce qui aide à le dater.

Peluche de mohair longue

PIEDS
Les très petits pieds ont des chevilles à peine marquées. Les coussinets en forme de goutte sont en feutre couleur chair, comme ceux des pattes.

Profil *Le long museau proéminent de « Johann », son dos droit, ses bras courts et ses petits pieds le distinguent des ours traditionnels.*

NEZ ET BOUCHE
Le mince nez en losange, au bout du museau, est formé de quelques points de fil noir horizontaux. Une piqûre verticale relie le nez à la bouche en V inversé.

Trois griffes en fil noir distinctes sur chaque pied et patte

BRAS
Les bras sont très courts et effilés, les épaules épaisses, les pattes fines, légèrement incurvées vers le haut.

H : 48 cm

FOURRURE : peluche mohair dorée, rase par endroits
YEUX : moyens, ambre, verre, pupille noire
OREILLES : petites, plates, droites, à cheval sur coutures
MUSEAU : proéminent, peluche mohair rase

NEZ : brodé main, noir
BRAS : courts, coussinets feutre couleur chair, griffes
PIEDS : petits, coussinets feutre couleur chair, griffes
REMBOURRAGE : paille de bois partout

Marque de fabrique

Original Teddy

1990 STEIFF

Steiff sort régulièrement une version moderne de ses ours originaux. Petsy, Molly et Zotty ont eu cet honneur. De nouveaux modèles d'Original Teddy, copiés sur l'ours Steiff 1905 et fabriqués en diverses couleurs et tailles, constituent l'une de ses séries les plus appréciées depuis plus de vingt ans.

OREILLES
Elles sont haut sur la tête. Le rebord intérieur pris dans la couture les fait se tourner vers l'extérieur.

YEUX
Les yeux sont en plastique marron et noir. Conformément aux normes de sécurité, ils sont verrouillés, sans danger.

Museau en forme de cœur, s'écartant du style traditionnel

VOIX
Cet ours contient un grognement à bascule, mais le même modèle est disponible avec couinement.

FOURRURE
Peluche de mohair longue, couleur miel pour le corps, la tête et les membres ; seul le museau est ras.

PIEDS
Les grands pieds d'Original Teddy suivent la tradition des ours Steiff, mais les coussinets beiges sont en Dralon.

Jambes plus courtes que celles des premiers ours Steiff

Profil *Comme les premiers ours, Original Teddy a un petit museau pointu, des pieds réalistes et incurvés, des bras effilés. Mais la bosse a disparu, la tête est plus ronde et les jambes sont plus courtes que les bras.*

Nœud rouge d'origine

NEZ ET BOUCHE
Le nez est brodé à la main avec du fil brun, comme la bouche, sans trait vertical entre les deux.

Étiquette Steiff attachée à la poitrine

BRAS
Les bras effilés s'incurvent vers le haut à la patte, comme ceux de ses ancêtres.

MARQUE DE FABRIQUE
La marque Steiff « Knopf im Ohr » (bouton dans l'oreille) reste toujours la même.

H : 36 cm

FOURRURE : peluche mohair longue, couleur miel
YEUX : bruns, sans danger, plastique, pupille noire
OREILLES : petites, vers l'extérieur, placées haut
MUSEAU : pointu, peluche mohair rase

NEZ : brodé main, ovale, brun
BRAS : longs, coussinets Dralon beige, sans griffes
PIEDS : grands, coussinets Dralon beige, sans griffes
REMBOURRAGE : synthétique

Marque de fabrique

« Michael »

1987 DEAN'S CO. (1903) LTD

Repris par une société internationale en 1986, Dean's Rag Book Co. Ltd devint Dean's Co. Ltd. En 1990, elle rétablit son ancien nom et lança une nouvelle chaîne d'ours reproduits. La firme existe toujours à Pontypool, pays de Galles, où elle est installée depuis 1974.

OREILLES
« Michael » a de petites oreilles plates. Le bord intérieur est pris dans la couture de face ; le reste est sur le côté de la tête.

Yeux verrouillés, sans danger, en plastique ambre et noir

ACCESSOIRES
Un élégant ruban rouge est noué autour du cou. Michael n'est pas commercialisé dans une boîte, mais dans un sac en calicot imprimé, serré par un lacet.

Bouche piquée en forme de U

Peluche de mohair et laine « or Londres »

PIEDS
Les pieds sont assez longs et larges. Les coussinets ovales, étroits, sont en velours synthétique brun.

Jambes courtes et trapues, et gros pieds

Profil *La tête est arrondie et le museau pointe. Les épaules sont particulièrement carrées, les jambes courtes et les bras ont des pattes recourbées.*

Museau et tête sont en deux morceaux de tissu séparés

NEZ
Le nez triangulaire est brodé avec du coton noir. Il n'est pas relié à la bouche par une piqûre verticale.

BRAS
Les bras effilés sont très courts, à pattes étroites, et presque en crochet. Coussinets des pattes et des pieds sont assortis.

MARQUE DE FABRIQUE
Étiquette tissée, pliée, avec le nouveau nom de la firme, dans la couture, sous le bras gauche. Carte imprimée, pliée (non visible ici), cousue dans l'oreille gauche.

H : 48 cm

FOURRURE : peluche mohair et laine, couleur « or Londres »
YEUX : ambre, sans danger, plastique, pupille noire
OREILLES : petites, plates, écartées
MUSEAU : protubérant, tissu séparé
NEZ : brodé main, triangulaire, noir
BRAS : courts, coussinets synthétiques bruns, sans griffes
PIEDS : larges, coussinets synthétiques bruns, sans griffes
REMBOURRAGE : granules de mousse de polyuréthane

Marque de fabrique

« Watty Watford »

1982 R. DAKIN & CO.

« Watty Watford », un Woolie Bear, fut produit par R. Dakin & Co., San Francisco. Fondée en 1955, la firme importait à l'origine des jouets parmi d'autres articles. Il fallut attendre les années 70 pour qu'elle s'établisse comme fabricant de jouets en peluche.

YEUX
Les yeux en plastique transparent, à fond brun et pupille noire, sont fixés dans le tissu par des rondelles. Dakin est connu pour ses normes de sécurité très sévères, et les yeux ont sûrement subi des tests plus rigoureux que ceux imposés par le gouvernement américain.

Tête très ronde

OREILLES
Les petites oreilles, longues et étroites, sont fixées sur les côtés de la tête.

Bras non articulés pendant le long du corps

MARQUE DE FABRIQUE
Une étiquette en tissu, pliée, est cousue dans la couture du dos et donne le détail des matériaux utilisés ; une autre est attachée autour du cou.

Bras légèrement plus larges à la patte

PIEDS
Sous les chaussettes se cachent les coussinets en forme de poire, faits dans le même tissu que le reste du corps : fourrure de laine sur trame polyester.

Le museau occupe toute la face

***Profil** « Watty Watford » a des bras et des jambes droits, non articulés. Les jambes sont cousues sur le devant du corps, ce qui lui donne une position assise permanente.*

Bouche brodée main en laine brune

NEZ
Ce sont des points verticaux brodés main, en laine brune, en triangle, à l'endroit où les deux coutures de la face se rejoignent.

FOURRURE
« Watty Watford » est en peluche blanche, en laine à brins courts, sur trame de jersey machine en polyester. La gamme Woolie Bear était aussi disponible en peluche de couleur or.

ACCESSOIRES
« Watty Watford » porte une écharpe et des chaussettes rayées. Le Woolie Bear or a le même ensemble en laine vert et beige. Le petit Wee Woolie Bear a seulement une écharpe.

H : 53 cm

FOURRURE : brins laine blanche sur trame polyester
YEUX : bruns, sans danger, plastique, pupille noire
OREILLES : petites, étroites, écartées
MUSEAU : trapu, partant du haut de la tête
NEZ : brodé main, triangulaire, brun
BRAS : non articulés, pattes non définies, sans griffes
PIEDS : coussinets peluche laine blanche, sans griffes
REMBOURRAGE : synthétique

Marque de fabrique

« Knebbyworth »

1985 NAOMI LAIGHT

« Knebbyworth » est l'œuvre d'une créatrice anglaise, Naomi Laight, qui fabrique chez elle, depuis les années 80, des ours de collection traditionnels. L'actuel propriétaire de cet exemplaire l'acheta à Knebworth House (d'où son nom), Hertfordshire, en Angleterre, dans une exposition itinérante organisée par une association caritative.

OREILLES
Les très petites oreilles sont presque totalement pliées en deux et l'intérieur est fixé dans la couture de face. Ainsi, elles sont plates à l'arrière et tournées vers l'avant.

YEUX
Les grands boutons plastique plats et noirs ressemblent aux boutons métalliques utilisés chez les premiers ours anglais (*voir p. 30*), mais ils ont des anneaux en plastique cousus avec du coton solide.

NEZ ET BOUCHE
Le nez est formé de piqûres verticales en laine noire. Quelques petits points au centre descendent jusqu'à la bouche en V inversé.

GRIFFES
Pieds et pattes ont quatre griffes en laine noire, cousues sur la peluche de mohair.

Museau mince et long

Peluche de mohair à brins courts

Grands pieds étroits

Longs bras effilés, incurvés aux pattes

Coussinets en daim brun

***Profil** « Knebbyworth » ressemble aux ours d'avant la Première Guerre mondiale: long nez pointu, petites oreilles placées en arrière, légère bosse sur le dos, longs membres et pattes incurvées.*

MARQUE DE FABRIQUE
« Knebbyworth » a une étiquette tissée crème, cousue sur le dos avec ces mots : « A Naomi Laight Collectors Bear », brodés en soie.

H : 33 cm

FOURRURE : peluche mohair brins courts, kaki foncé
YEUX : grands boutons plastique, plats et noirs
OREILLES : petites, pliées, plates à l'arrière de la tête
MUSEAU : long, mince, à partir du front

NEZ : brodé main, ovale, noir
BRAS : longs, coussinets daim brun, griffes
PIEDS : grands, coussinets daim brun, griffes
REMBOURRAGE : bourre de coton gris-beige

Marque de fabrique

« Woody Herman »

1985 APPLAUSE (CRÉÉ PAR ROBERT RAIKES)

Dans son atelier de Californie, Robert Raikes produit des ours et d'autres animaux en spécimens uniques, face et pieds étant sculptés individuellement. Applause, qui commercialise ses œuvres, fut autrefois une branche de la Knickerbocker Toy Co., qui, en 1984, fusionna avec Wallace Berrie and Co. Applause diffuse cet ours sous le nom de Jamie.

YEUX
Petits yeux en plastique transparent collés dans des creux pratiqués dans la face en bois. Les pupilles sont formées par des trous percés dans le bois, derrière les yeux.

Petites oreilles plates fixées dans la couture de la tête

FOURRURE ET REMBOURRAGE
La peluche synthétique en jersey est un mélange de fibres brun clair et noires, lui donnant un aspect moucheté. L'ours est rembourré avec de l'ouate synthétique douce.

Absence de coussinets et de griffes sur les bras courts, effilés

PIEDS
Les pieds ne sont pas très bien définis. Les coussinets ovales, sont en bois lisse, verni et brillant.

***Profil** La grosse tête arrondie de « Woody Herman » et le museau en avant, en bois sculpté, sont mis en valeur par un détail réaliste : un bout de queue, inhabituel sur un ours en peluche.*

La bouche soigneusement ciselée donne à l'ours un aspect engageant

MUSEAU
Museau et nez font partie du masque en bois sculpté, teinté en brun doré. Le bouton brillant formant le nez est sculpté dans le même morceau de bois et teinté en noir.

ACCESSOIRES
Un petit livret donnant toutes les indications pour le lavage et les normes de sécurité, plus quelques informations sur le créateur, Robert Raikes, est vendu avec cet ours.

H : 23 cm

FOURRURE : peluche synthétique mélangée, brun et noir
YEUX : petits, plastique transparent, collés au masque en bois
OREILLES : petites, plates, espacées
MUSEAU : bois sculpté, teinté en brun

NEZ : bois sculpté, rond, teinté en noir
BRAS : courts, effilés, ni coussinets ni griffes
PIEDS : petits, coussinets bois brun, sans griffes
REMBOURRAGE : ouate synthétique

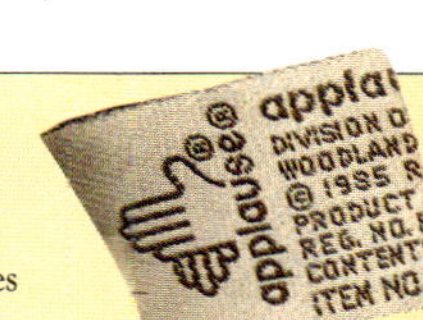

Marque de fabrique

Brian's Bear

VERS 1987 ASQUITHS

Brian's Bear fut dessiné par le créateur d'ours et restaurateur Brian Beacock, pour Joan Bland of Asquiths, première boutique en Angleterre à vendre uniquement des ours en peluche. Asquiths ouvrit à Windsor en 1984, et deux autres magasins suivirent, à Henley-on-Thames et à Eton. Brian's Bear est une caricature de l'ours traditionnel.

Profil *Les traits accentués, caricaturant l'ours traditionnel, sont évidents : longs membres, pattes incurvées, grands pieds, museau pointu et bosse sur le dos.*

YEUX
Les yeux en plastique noir sont fixés dans le tissu par des rondelles. A première vue, on les confond avec les boutons de bottine des premiers ours.

NEZ
Le nez brodé main est formé de points verticaux en laine noire et de quelques points horizontaux dans le haut.

Grandes oreilles rondes à peine froncées

Foulard rouge d'origine ; il en existe aussi un bleu, avec motifs cachemire

FOURRURE
Elle est en peluche d'alpaga, un tissu apprécié pour les jouets en Angleterre, pendant les années 20 et 30. (L'alpaga est de la laine de lama importée du Pérou.)

VOIX
Grognement à bascule dans un étui plastique, avec mécanisme à soufflets et anche (*voir* p. 93).

PIEDS
Les longs pieds étroits sont plus ronds, plus grands aux orteils, caractéristique accentuée par les chevilles fines.

Trois griffes en laine noire sur chaque patte et pied

Coussinets en forme de goutte, tissu synthétique beige

REMBOURRAGE
Garnissage entièrement en kapok.

H : 40 cm			
	FOURRURE : peluche alpaga naturel, couleur fauve YEUX : petits, noirs, sans danger, plastique, verrouillés OREILLES : grandes, arrondies, haut sur la tête MUSEAU : long, mince, en avant, effilé	NEZ : brodé main, noir BRAS : longs, coussinets synthétiques beiges, griffes PIEDS : longs, coussinets synthétiques beiges, griffes REMBOURRAGE : synthétique	CARACTÉRISTIQUES : la douce fourrure en alpaga est inhabituelle. Le style caricatural et le foulard imprimé sont distinctifs.

Sir Mortimer

1990 NONSUCH SOFT TOYS

Baptisé d'après l'éminent archéologue anglais sir Mortimer Wheeler, cet ours en série limitée fut créé par Susan Rixon pour célébrer le centième anniversaire des fouilles de Silchester, ville romaine découverte près de chez elle, dans le Berkshire, en Angleterre. Susan et son mari, David, font des ours traditionnels depuis 1979.

OREILLES
Les grandes oreilles arrondies sont à cheval sur les coutures de la tête.

Yeux écartés

YEUX
Comme tous les ours de Susan Rixon, Sir Mortimer possède des yeux verrouillés, sans danger. Ils sont en plastique brun.

VOIX
Sir Mortimer possède un grognement à bascule, bien qu'il ne soit pas fabriqué spécialement pour les enfants. Beaucoup d'ours de collection sont dotés de voix.

Longs coussinets en forme de cuillère, en tissu velouté orange

PIEDS
Les grands pieds étroits sont de style traditionnel, avec de longs coussinets ovales, en tissu de velours synthétique orange, inhabituel.

Peluche mohair brun foncé, beige et noir mélangés

Profil *Museau allongé, bras incurvés et grands pieds sont inspirés du style traditionnel, mais le dos, légèrement cambré, n'a pas de bosse.*

Long museau pointu

NEZ ET BOUCHE
Nez et bouche sont brodés serré avec du coton noir.

Nœud papillon imprimé d'origine

BRAS
Les longs bras incurvés s'effilent à la manière traditionnelle. Les épaules sont particulièrement larges et hautes.

MARQUE DE FABRIQUE
L'étiquette est pliée et fixée dans la couture du dos. Toutes les séries limitées ont un certificat d'authenticité.

H : 46 cm	FOURRURE : peluche mohair brun foncé/beige/noir	NEZ : brodé main, rond, noir
	YEUX : bruns, sans danger, plastique, pupille noire	BRAS : longs, coussinets synthétiques orange, sans griffes
	OREILLES : grandes, rondes, à cheval sur coutures	PIEDS : grands, coussinets synthétiques orange, sans griffes
	MUSEAU : très long et pointu	REMBOURRAGE : synthétique

Marque de fabrique

Freddie

1889 SUE E. FOSKEY

Freddie fait partie des 400 ours d'une série limitée, lancée par Sue E. Foskey, créatrice d'ours travaillant chez elle, à Delaware, New Jersey, États-Unis. Sue fabrique de charmants ours depuis 1984 ; ses œuvres les plus récentes comprennent des modèles à l'aspect ancien, faits en mohair vieilli et habillés de vêtements d'époque.

Museau mince et pointu

Bouche en fil noir

Élégant nœud lilas et petit bouquet de fleurs ajoutent au charme de Freddie

Griffes brodées sur la peluche

Signature du créateur et numéro de la série limitée

Profil *Museau pointu, corps mince, bras et jambes longs et effilés sont des caractéristiques empruntées aux premiers ours.*

OREILLES
Les grandes oreilles plates sont placées sur les côtés. Elles ressemblent à celles des ours Steiff du début du siècle.

YEUX
Freddie, ours de collectionneur, n'était pas soumis aux normes de sécurité appliquées aux jouets pour enfants. Il pouvait donc avoir des yeux en bille de verre sur tiges en fil de fer, semblables à ceux des petits modèles des premières années.

MARQUE DE FABRIQUE
La signature de Sue Foskey ainsi que le numéro de série (46/400 indiquant ici le quarante-sixième ours d'une production de 400) sont inscrits sous le pied droit de l'ours. Le pied gauche porte, lui, une étiquette imprimée avec le nom du créateur et la date de fabrication.

PIEDS
Les grands pieds portent de longs coussinets ovales, étroits, en feutre beige. Quatre griffes sont formées avec du fil noir.

NEZ
Le nez rectangulaire est formé de points horizontaux en fil noir, brodés en travers du bout du museau.

BRAS
Longs bras effilés assez larges aux épaules. Pattes à la fois étroites et incurvées.

FOURRURE
Elle est en peluche de mohair brune. Cependant, le museau est ras et révèle la trame tissée.

H : 25 cm

FOURRURE : peluche mohair brun clair
YEUX : petits, noirs, billes de verre
OREILLES : grandes, plates, latérales
MUSEAU : mince, pointu, peluche rase

NEZ : brodé main, rectangulaire, noir
BRAS : longs, coussinets feutre beige, griffes
PIEDS : grands, coussinets feutre beige, griffes
REMBOURRAGE : kapok partout

Marque de fabrique

The Bride

1990 DEE HOCKENBERRY

The Bride (la mariée) fut créée pour les collectionneurs. Cette gracieuse créature est typique des œuvres de l'artiste Dee Hockenberry, installée à Albion, État de New York. Dee, qui vend des animaux et des ours Steiff de collection, est également un écrivain connu, auteur de livres et d'articles sur le sujet.

OREILLES
Les grandes oreilles plates sont écartées, laissant assez de place pour la coiffure élaborée en perles et dentelle.

Museau retroussé

YEUX
Les yeux en verre sont sur tiges en fil de fer, contrairement à beaucoup d'ours de cette période. Pour se conformer aux normes de sécurité, l'ours porte l'avertissement : « Non destiné aux enfants de moins de 4 ans. »

ACCESSOIRES
La belle tenue de The Bride consiste en un boléro très court et une coiffure en dentelle, ornés de fleurs artificielles et de perles en plastique blanc.

Quatre griffes brodées à cheval sur la peluche et les coussinets en feutre

Coussinets en feutre blanc assortis à la peluche de mohair

Étiquette imprimée, pliée, fixée dans la couture de la jambe gauche

Profil *The Bride a un museau retroussé impertinent et de grands pieds rappelant les premiers ours Steiff. Les bras, pliés au coude, ne suivent pas la tradition.*

Yeux en verre ambre à pupille noire

NEZ ET BOUCHE
Nez triangulaire et bouche sont brodés main avec du coton brun rosâtre. Le nez est semblable, par le style et la couleur, à celui de l'ours blanc Steiff 1921 *(voir p. 42)*.

BRAS
Les bras, très longs, sont pliés au coude, un peu comme le Teddy Baby de Steiff de 1930, *(voir p. 49)*.

H : 33 cm	FOURRURE : peluche mohair blanche YEUX : moyens, ambre, verre, pupille noire OREILLES : grandes, plates, écartées MUSEAU : impertinent, pointant et retroussé	NEZ : brodé main, triangulaire, brun rosâtre BRAS : longs, incurvés, coussinets feutre blanc, griffes PIEDS : grands, étroits, coussinets feutre blanc, griffes REMBOURRAGE : kapok partout	MARQUE DE FABRIQUE : The Bride a une étiquette imprimée, pliée, portant le nom de l'artiste, et piquée dans la couture arrière de la jambe gauche.

L'Ours Moderne

La collection d'ours, ou arctophilie, est récemment devenue un passe-temps mondialement reconnu, provoquant une escalade des prix dans les salles des ventes ; en 1989, un ours Steiff fut vendu aux enchères, chez Sotheby's, pour la somme incroyable de 55 000 £ (550 000 F). La demande sans cesse croissante a entraîné des contrefaçons, des boutons Steiff ou Bing ayant été rajoutés à des ours dans l'espoir d'augmenter leur valeur. Aujourd'hui, des experts étudient l'histoire de l'ours en peluche, des magazines pour collectionneurs sont publiés aux États-Unis, en Grande-Bretagne et en Australie, et il existe des conventions annuelles d'ours en peluche – avec spectacles –, essentiellement aux États-Unis, à Baltimore, Orlando, Toledo et San Diego.*

△ **Pièce de musée**
Un conservateur du musée de l'Enfance de Bethnal Green, à Londres, répertorie une nouvelle acquisition avant de l'exposer.

Une Affaire d'Importance

L'ours en peluche est devenu une affaire sérieuse et plusieurs musées lui sont aujourd'hui consacrés. Ainsi, la collection Florentine Wagner à Berlin, Colin Wilson, Queensland, en Australie, et, en Angleterre, Gyles Brandreth à Stratford-upon-Avon. L'un des plus récents est le Franny's Teddy Bear Museum, en Floride, ouvert en 1990. Plusieurs fabricants exposent aujourd'hui certains de leurs premiers modèles et publient également leur histoire. Steiff possède un musée situé dans son usine, à Giengen. Merrythought a, elle aussi, édité son histoire, et plusieurs de ses modèles sont exposés dans le petit musée de sa ville d'Ironbridge, Shropshire, Angleterre.

△ **Copie des années 30**
Theodore, fabriqué par Canterbury Bears, est un ours moderne inspiré d'un modèle des années 30.

Ours en Peluche et Restauration

Le nombre d'experts pouvant restaurer les nounours délabrés, récupérés dans le fond des placards et des greniers, a augmenté proportionnellement à la demande. Dès 1972, une étude très amusante intitulée « Quelques observations sur les maladies des *Brunus edwardii* fut publiée par deux vétérinaires, Blackmore et Young. Cet article, tout à fait scientifique, analysait, entre autres, des cas d'oreilles détrempées, de couture frontale ouverte et d'alopécie (perte des poils). Pour réparer ces dommages, des produits spéciaux sont apparus aux États-Unis. Les housses pour ours et un liquide nettoyant de Bear Care Co. en sont deux exemples.

△ **Vente aux enchères**
Les salles des ventes comme Sotheby's, Christie's et Phillips proposent toutes des adjudications réservées aux ours en peluche et autres jouets. Elles procèdent à des expertises, à la différence des musées.

Les Ours Traditionnels

D'importants fabricants, comme Steiff, Hermann, Gund, Merrythought et Deans, répondent à la passion pour les ours anciens en proposant des modèles traditionnels, à bosse, membres et museau longs, souvent en séries limitées. D'autres tentatives furent faites pour retrouver l'ours en peluche du passé ; ainsi le

▷ **Un paradis pour collectionneur**
Judy Sparrow expose une importante collection d'ours en peluche dans son musée de Petersfield, Hampshire, Angleterre. Elle vend également des ours de collection modernes et dirige un service de restauration d'ours anciens.

△ **Commande spéciale**
L'Ours Hamley fut spécialement fabriqué par Steiff pour le magasin de jouets Hamley, à Londres.

charmant Berryman Bear de Steiff s'inspira de l'illustration originale de Berryman (créé par Linda Mullins), parue dans le *Washington Post*. The House of Nisbet ressuscita, en 1988, les ours Oui/Non inventés par Schuco, et Bedford Bears sortit récemment une gamme d'ours bleus semblables à ceux des années 30 et 50. Steiff eut le premier l'idée de reproduire des spécimens d'archives pour le marché des collectionneurs. On a fait aussi des copies d'ours dont l'histoire est intéressante, comme les Steiff « Alfonzo » *(voir p. 118)* et « Happy » *(voir p. 45)*, « Delicatessen » *(voir p. 119)*, et « Gatti », le petit ours Bing de 1907, qui survécut au naufrage du *Titanic* en 1912.

Les Ours Commémoratifs

Les firmes anciennes produisent souvent des séries limitées pour marquer un anniversaire. En 1978, Ideal réalisa un ours pour célébrer son soixante-quinzième anniversaire, Hermann fit de même pour ses 75 ans, en 1982, Gund pour ses 85 ans, en 1983, puis Merrythought pour ses 60 ans, en 1990 *(voir p. 120)*. Les entreprises plus récentes suivent la tendance : Canterbury Bears *(voir p. 121)* et Bedford Bears sortirent des ours pour leur dixième anniversaire, en 1990. Certains musées commandent des modèles tout spécialement fabriqués pour eux.

Les Copies d'Ours Anciens

Le boom des années 80 et la hausse des prix des ours anciens qui s'ensuivit conduisirent certaines entreprises chevronnées à produire des copies de leurs premiers modèles, dans le but de procurer aux collectionneurs des ours à l'aspect ancien, mais à des prix raisonnables. Ironiquement, nombre de ces copies ont également pris de la valeur, et certaines sont même très chères. Steiff, Hermann et Dean réalisent tous des copies.

Copie de l'Ours Richard Steiff 1905
Reproduit en 1980, ce petit ours gris représente le prototype développé par Steiff pour la première fois en 1905. Le nez trapu et les larges oreilles furent les caractéristiques des ours de cette firme jusqu'en 1951. L'ours original de Richard Steiff (l'un des deux ours gris fabriqués peut-être comme échantillons) fut placé dans les archives par sa belle-mère, dans les années 40. Cette copie est spéciale, en raison de la signature sous le pied – datée de 1983 –, de Hans Otto Steiff, l'arrière-petit neveu de Margarete Steiff, inspiratrice de la firme.

Copie de l'Ours Steiff 1909
Les premières copies en deux tailles, en 1984, de l'ours de 1909 furent si demandées que l'on ajouta alors trois tailles. Comme son modèle, la copie est en peluche de mohair tissé. Le rembourrage en synthétique a remplacé la paille de bois. Pour répondre aux normes de sécurité modernes, les yeux cousus de 1909, en bouton de bottine, sont en plastique moulé, et fixés avec une rondelle. Un bouton cousu sur une étiquette tissée jaune et rouge se trouve dans l'oreille.

Marque de fabrique Steiff

Signature d'Otto Steiff

Yeux en plastique moulé

Copie de Teddy Rose

Cet ours en peluche de mohair rose ébouriffée, reproduit pour la première fois en 1988, est une copie de Teddy Rose, spécimen d'une série spéciale de 5 000 ours, faite par Steiff de 1925 à 1930. Contrairement aux deux copies précédentes, Teddy Rose fut fabriqué en série limitée de 10 000, fait noté sur l'étiquette imprimée fixée sur la poitrine. L'ours porte un numéro (0170), suivi de sa taille en centimètres (41). L'envers de l'étiquette signale le nombre de cette édition limitée particulière, comme le certificat de garantie d'authenticité qui accompagne l'ours dans sa boîte spéciale de présentation. Un Teddy Rose plus petit, de 25 centimètres, sortit en 1990, en série limitée de 8 000 exemplaires. Comme pour son grand frère, le rembourrage compact en paille de bois le rend assez lourd.

△ ***Étiquette cartonnée de poitrine***
Étiquette de poitrine modernisée, semblable à celle des ours 1928-1950.

Copie de l'Ours Steiff Détachable 1908

Cet ours, reproduit pour la première fois en 1990, est une copie d'un spécimen original d'usine pour le Druckknopf (le bouton-pression) Bär 5353 de 1908, mais qui ne fut jamais mis en vente. Le bouton-pression avait été inventé par l'Allemand Carl August Pfenning, en 1895. Steiff emprunta cette invention pour produire une série de sept jouets en peluche pour tout-petits. Ces jouets consistaient en un corps rond, dont la tête et les membres étaient fixés par des pressions. Une fois ces derniers retirés, le jouet se transformait en balle originale. Ce petit ours blanc ne mesure que 18 centimètres. Les membres détachés révèlent le numéro déposé de Carl Pfenning, imprimé sur le pourtour de chaque pression. Cet ours fut l'un des premiers essais de Steiff, avec sa poupée en étoffe. En 1909, ce modèle ingénieux fut déposé en tant que Roly Poly Toys Steiff.

Marque de fabrique Steiff « bouton dans l'oreille »

Bras détachables à bouton-pression

« ALFONZO » : L'AMI D'UNE PRINCESSE RUSSE

En 1908, George Mikhailovich, grand-duc de Russie, commanda cet ours à Steiff, pour sa fille la princesse Xenia Georgievna, qui l'emporta en 1914 chez ses cousins royaux, à Buckingham Palace, où elle avait été invitée. Le déclenchement de la Première Guerre mondiale empêcha la princesse et son ours de retourner chez eux, et Xenia fut ainsi sauvée d'une mort certaine. « Alfonzo », seul jouet qui lui restait de son pays et cadeau d'un père adoré, devint un trésor tendrement chéri. La rareté d'« Alfonzo » et son histoire tout à fait exceptionnelle expliquent le prix vraiment fabuleux qu'il atteignit lors d'une vente aux enchères, chez Christie's, en mai 1989 : 12 100 £ (121 000 F), record du monde à l'époque. Il quitta la salle des ventes londonienne pour rejoindre sa nouvelle demeure, dans le village des Costwold de Witney, près d'Oxford, Angleterre, où il est exposé dans la boutique d'antiquités et d'ours de collection de son propriétaire. « Alfonzo » est un ours Steiff unique, en peluche de mohair à poils courts rouille, avec des pattes en feutre beige. Son nez est un peu usé et les trous des pattes révèlent le rembourrage traditionnel en paille de bois.

COPIE D'« ALFONZO » 1990

Après l'achat d'« Alfonzo » l'unique, le nouveau propriétaire passa un arrangement avec la firme Steiff actuelle, pour produire une copie dont il aurait l'exclusivité de vente dans sa boutique, où se trouvaient déjà d'autres ours de collection. La copie d'« Alfonzo » fut fabriquée en série limitée de 5 000 exemplaires, en 1990. Elle est très fidèle à l'original : même hauteur (33 centimètres), même costume en satin de coton orange souligné de blanc, pantalon tenu par des bretelles, sous une tunique de style russe contemporain fermée sur le côté. Bien que beaucoup moins usée que celle du vrai « Alfonzo », la peluche d'un rouge inhabituel a la même trame tissée brune. La copie d'« Alfonzo » est présentée dans une élégante boîte vert foncé, son histoire et le numéro de la série étant imprimés sur un certificat d'authenticité. Le grand bouton de métal couleur cuivre, gravé d'une mention en cursive, et l'étiquette blanche de collection indiquent que l'ours est une copie. L'« Alfonzo » original porte le bouton de nickel 1905-1950, plus petit, avec des lettres capitales en relief.

Peluche de mohair rouille

Coussinets de feutre usés

Tunique russe

Marque de fabrique Steiff « bouton dans l'oreille »

« ALOYSIUS » : LE HÉROS DE BRIDESHEAD

Comme « Alfonzo », « Delicatessen » est un ours qui a beaucoup voyagé. Il naquit vers 1907, peut-être dans l'usine Ideal Toy Co. de New York. En 1969, il fut offert à Peter Bull, acteur et arctophile britannique aujourd'hui disparu, après sa performance télévisée dans le *Johnny Carson Show* américain. Peter Bull le baptisa « Delicatessen ». Quelque dix ans plus tard, cependant, l'ours changea officiellement son nom en « Aloysius », à la suite de ses débuts d'acteur comme ours de Sebastian, dans la série de télévision britannique inspirée de *Brideshead Revisited*, d'Evelyn Waugh. Le tournage le conduisit à Venise et aux États-Unis. Quand Peter Bull mourut, en 1984, « Aloysius » fut légué à Don Busby, ami de l'acteur, et plus tard exposé au Teddy Bear Museum de Stratford-upon-Avon, en Angleterre. Cet octogénaire célèbre dans le monde entier retourna dans sa terre natale en 1989, pour habiter avec ses propriétaires actuels, les collectionneurs américains Rosemary et Paul Volpp.

▽ **Vedette du petit écran**
« Aloysius », dans la série télévisée Brideshead Revisited.

COPIE D'« ALOYSIUS » 1987

De nombreux traits de « Delicatessen » avaient déjà été copiés par House of Nisbet, dans son Bully Bear (*voir p. 102*), mais ce fut seulement après son succès à la télévision que l'on en fit une copie, en 1987. La peluche de mohair vieillie de la copie ci-dessous est aujourd'hui utilisée par plusieurs fabricants d'ours traditionnels. Elle fut inventée par Jack Wilson, de Nisbet, conjointement avec Norton Ltd (tissage) du Yorkshire, grâce à une machine à écraser le velours de 1904. Les pièces en peau de chamois des membres et du corps de la copie sont identiques à celles de l'original ; en fait, la ressemblance est si grande que seule l'étiquette tissée House of Nisbet trahit la copie. Cette dernière est accompagnée d'une réplique de l'écharpe Daks Simpson, et d'un sac British Airways rappelant sa carrière de voyageur. A l'origine, la copie devait se nommer « Aloysius », mais, la North American Co. ayant alors déjà acheté les droits de reproduction, elle prit le premier nom de l'ours, « Delicatessen ».

Peluche de mohair vieillie

Les Ours Commémoratifs

Cet ours de série limitée a été créé pour marquer le soixantième anniversaire de Merrythought Ltd, l'une des plus anciennes firmes anglaises de jouets en peluche. Semblable aux modèles des années 30, le Diamond Jubilee Bear fut lancé en juin 1990, au célèbre magasin de Londres, Harrods, présenté dans une boîte bleu roi. Une étiquette de série limitée, signée par le petit-fils du fondateur, est piquée dans la couture du côté gauche.

OREILLES
Diamond Jubilee a de grandes oreilles plates et rondes, qui sont placées sur les côtés et sont très semblables à celles de Chummy (*voir* p. 53), l'un de ses plus vieux cousins.

YEUX
Les yeux sont en plastique noir et verrouillés. Ils sont placés à l'extérieur de la couture de face, au ras du museau.

Nœud d'origine

VOIX
Grognement à bascule moderne inséré dans le corps.

Mohair or pâle, à l'aspect duveteux

BRAS
Les épaules sont hautes et les longs bras bien effilés se terminent par des pattes incurvées.

Coussinets en Dralon beige sur les grands pieds

Profil *Museau trapu et proéminent, grandes oreilles, bosse à peine marquée et long bras incurvés rendent cet ours semblable aux premiers modèles Merrythought.*

NEZ
Nez triangulaire formé de points verticaux en fil noir.

Trois griffes brodées sur le mohair

Étiquette de série limitée

MARQUE DE FABRIQUE
Elle est inscrite sur le drapeau britannique, cousu sur le coussinet du pied droit.

H : 45 cm

FOURRURE : peluche mohair or pâle, rase par endroits
YEUX : ambre, sans danger, plastique, pupille noire
OREILLES : grandes, plates, rondes, sur le côté
MUSEAU : proéminent, pointu, trapu

NEZ : brodé main, triangulaire, noir
BRAS : longs, effilés, coussinets Dralon beige, griffes
PIEDS : grands, coussinets Dralon beige, griffes
REMBOURRAGE : paille de bois, polyester

Marque de fabrique

Lancé en avril 1990, ce grand ours célèbre le dixième anniversaire d'une affaire familiale, installée à la périphérie de la vieille ville de Canterbury, dans le Kent, en Angleterre. La firme produit 50 000 ours par an, mais le modèle anniversaire fait partie d'une série limitée à 500 exemplaires seulement. Il reprend le style de l'ours traditionnel, dont il a les membres longs, la bosse et le nez pointu.

OREILLES
Les petites oreilles rondes sont placées dans les angles de la grande tête carrée. L'intérieur est en daim, comme les coussinets des pieds et des pattes.

YEUX
Les yeux ambre et noir, en plastique, verrouillés, sont fixés assez bas sur la face, d'où un front haut.

PIEDS
Grands pieds. Maude et John Blackburn, propriétaires de Canterbury Bears, ont signé le coussinet en daim du pied droit.

GRIFFES
Chaque griffe en laine noire est formée de deux points : l'un en travers du coussinet, l'autre en travers de la peluche de mohair.

Profil *Imitation, comme beaucoup d'ours modernes de collection, du modèle traditionnel, avec sa bosse, ses longs membres et son museau pointu, proéminent.*

NEZ
Brodé main. Des points en laine noire forment un nez un peu plus large que celui des autres ours fabriqués par cette firme.

BRAS
Les bras sont exceptionnellement longs et placés très haut. Effilés, ils s'incurvent en longues pattes à coussinets en daim beige.

MARQUE DE FABRIQUE
Étiquette tissée, piquée dans la couture du côté gauche, portant les armes de Canterbury, honneur conféré à l'entreprise en 1987.

H : 66 cm

FOURRURE : peluche mohair couleur biscuit
YEUX : petits, ambre, sans danger, plastique, pupille noire
OREILLES : petites, rondes, intérieur daim
MUSEAU : proéminent, pointu
NEZ : brodé main, rectangulaire, noir
BRAS : longs, effilés, grands coussinets daim, griffes
PIEDS : grands, coussinets daim ovales, griffes
REMBOURRAGE : polyester

Marque de fabrique

Le Rôle de l'Ours

L'ours de Teddy Roosevelt commença sa vie comme mascotte, et la tradition continue encore aujourd'hui, l'ours en peluche prêtant son concours aux causes politiques, sportives ou bien charitables. L'Ours Rupert est ainsi utilisé pour une œuvre destinée à aider les malades souffrant de myopathie, et le club de l'Ours Paddington contribue à la recherche en faveur des enfants handicapés. L'ours a certainement joué un rôle extrêmement important au cours des années, consolateur universel et symbole d'amitié et de sécurité.

△ **Mascotte olympique**
Les Jeux olympiques de 1980 adoptèrent Mishka, ours du folklore russe, comme mascotte.

L'Ours Consolateur

Beaucoup d'ours en peluche originaux ont été produits récemment pour aider les enfants ayant des besoins spécifiques. On trouve ainsi un ours destiné à provoquer le sommeil chez les bébés agités : le Dear Heart de The Kamar Toy Co. reproduit les battements du cœur de la mère, grâce à des piles incorporées. Il existe aussi, à l'intention des sourds profonds, un modèle dont les yeux rouges s'éclairent au son de la parole. En Angleterre, Bill Bear fut créé par Mary Holden pour les enfants sensibles aux produits chimiques. Les ours en peluche se sont également révélés d'un grand secours dans les situations de détresse. Ainsi, dans un hôpital français, avant d'opérer un enfant, on lui montre les diverses étapes de l'intervention, en utilisant son ours comme patient, pour l'aider à vaincre sa peur. Aux États-Unis, la police du Colorado utilise le Sleepy Time Bear de la Celestial Seasonings Tea Co. pour réconforter les jeunes victimes d'accident ou de sévices.

△ **Ours pour handicapés**
Fabriqués aux États-Unis, ces ours sont destinés à aider les enfants handicapés à surmonter leur incapacité.

◁ **Tom Foolery**
Série limitée de 150 ours « Tom Foolery », créée par Doris et Terry Michaud, à l'occasion de la deuxième Convention annuelle de l'ours en peluche de Walt Disney World, en 1989.

Le rôle de l'ours en peluche comme ami et confident a conduit à la fondation de Good Bears of the World, organisation internationale collectant des fonds qui permettent de donner des ours aux enfants hospitalisés, aux personnes âgées dans les hospices, ou aux enfants abandonnés. Création du journaliste américain James T. Ownby, elle fut inaugurée à Berne, Suisse, en 1973. Jusqu'à la mort d'Ownby en 1986, l'organisation avait son siège à Honolulu, Hawaii, mais elle se trouve aujourd'hui en Ohio, aux États-Unis. Elle regroupe 10 000 membres dans le monde entier, organisés en groupes, les « tanières ».

Les Collectes de Fonds

Aux États-Unis, l'ours officiel Good Bears of the World fut fabriqué par Ideal dans les années 80, puis par Dakin. Le 27 octobre, le jour anniversaire de Theodore Roosevelt, a été désigné pour être le jour Good Bear, à l'occasion duquel des collectes de fonds sont souvent organisées. En Angleterre, le premier grand rallye de l'ours en peluche eut lieu le 27 mai 1979, et 15 000 personnes et 2 000 ours furent alors rassemblés sur les terres de Longleat, Wiltshire, où habitent le marquis de Bath et son ours en peluche nommé « Clarence ». D'autres rallyes eurent lieu en Grande-Bretagne, en Nouvelle-Zélande et en Australie. Aux États-Unis, les conventions d'ours en peluche, où les adeptes se rencontrent pour échanger idées, histoires et spécimens, sont populaires. Les ours sont aussi utilisés pour certaines collectes. Ainsi, en Angleterre, la vente d'un ours blanc appelé « William » procura des fonds pour le Royal Marsden, hôpital de pointe spécialisé dans le cancer, et la copie de Merrythought de l'ours de l'actrice anglaise Dame Judi Dench permit de réunir de l'argent pour une œuvre d'aide psychologique à l'enfant.

△ ***Auxiliaire de police***
Ours en peluche, souvent offert par « Good Bears of the World », travaillant avec la police américaine, pour réconforter les enfants traumatisés.

△ ***Œuvre de charité***
Pudsey Bear est le symbole officiel de l'appel de fonds annuel organisé par la BBC pour l'enfance malheureuse.

▷ ***Amitiés du Sri Lanka***
Cet ours en peluche-chenille est un don du peuple sri lankais à « Good Bears of the World ».

△ ***Le marquis de Bath***
Résidents de Longleat.

◁ ***Le pique-nique des ours en peluche***
Ours appartenant au colonel Henderson, membre fondateur de la branche anglaise de « Good Bears of the World », et l'un des leaders de l'arctophilie.

ENTRETIEN ET RÉPARATIONS

L'ours souffre parfois de trop d'amour : il perd œil ou oreille, ses articulations se relâchent ou son rembourrage se creuse. Les opérations mineures peuvent se faire à la maison, même s'il vaut toujours mieux demander l'avis d'un spécialiste. L'ours peut être tamponné avec un détergent léger et dilué, ou brossé pour en retirer la poussière, mais on ne doit jamais l'immerger complètement. Heureusement, les restaurateurs savent répondre à la demande croissante des nounours en détresse. Membres détachés, nez décousus et grognements muets, tout cela peut ressusciter, avec du soin et de la patience.

LES SOINS QUOTIDIENS

Un ours est en textile, ce qui le rend vulnérable à la lumière, la poussière, l'humidité, la vermine; aux traumatismes, insectes, bactéries et, surtout, aux enfants et aux chiens trop affectueux. Même si les fibres des tissus s'affaiblissent et se décolorent avec les ans, les conseils suivants devraient empêcher certains dégâts. Ne laissez pas un ours en plein soleil ; faites-lui des vêtements ou changez-le de position de temps en temps ; aspirez-le ou époussetez-le régulièrement. Gardez-le dans un endroit sec, pour éviter les moisissures. Vérifiez l'absence d'insectes, comme les larves de l'anthrène, décelables aux traces en toile d'araignée et aux cocons ovales. Si vous en trouvez, enfermez l'ours dans un sac en plastique, avec de la naphtaline.

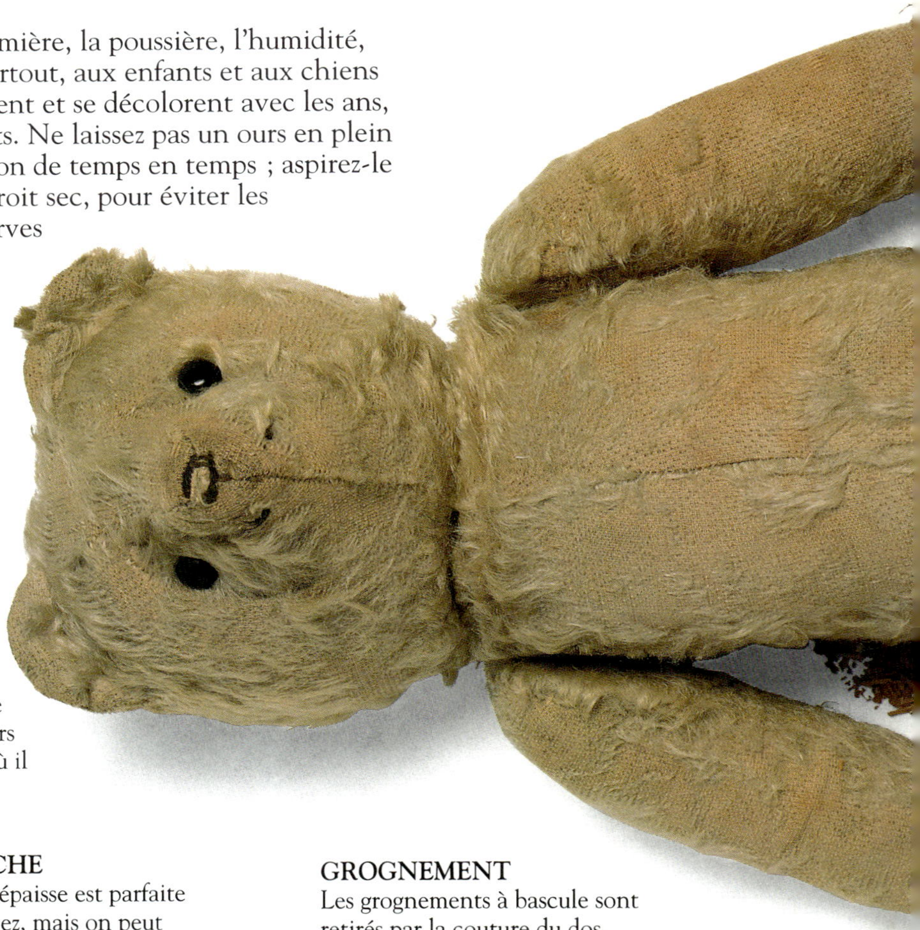

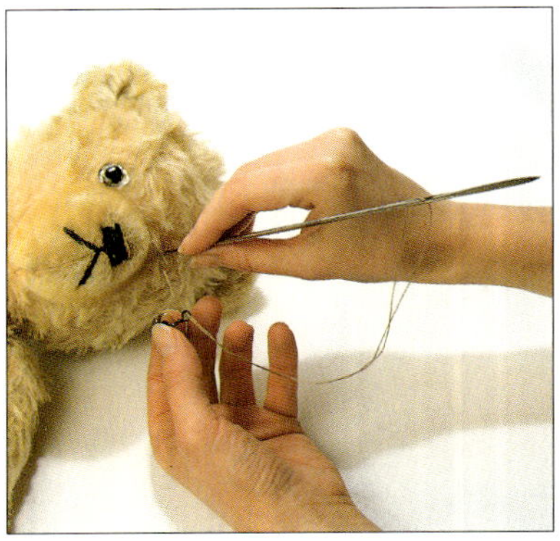

YEUX
S'il s'agit d'un jouet, il vaut mieux les remplacer par des yeux verrouillés. Mais, pour respecter la tradition, on préfère cependant les yeux en verre. La tige en fil de fer est cousue et une longue aiguille permet de passer le fil solide à travers la tête jusqu'à l'arrière, où il est noué et coupé.

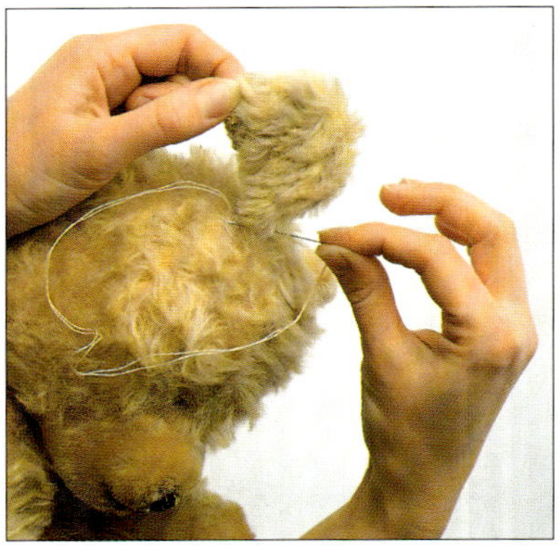

OREILLES
Les oreilles sont souvent déchirées ou perdues. Cet ours en a une nouvelle, faite avec la même peluche et cousue en place, symétriquement à l'autre.

NEZ ET BOUCHE
La soie à broder épaisse est parfaite pour réparer le nez, mais on peut aussi utiliser la laine, si l'on doit assortir le fil à des points d'origine.

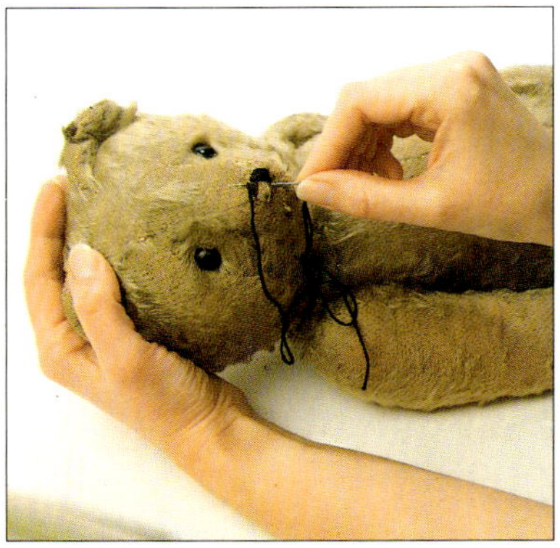

GROGNEMENT
Les grognements à bascule sont retirés par la couture du dos. On peut entourer de rembourrage le nouveau mécanisme.

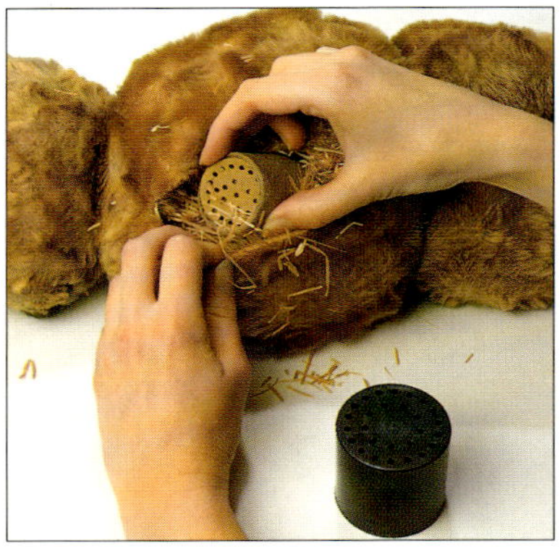

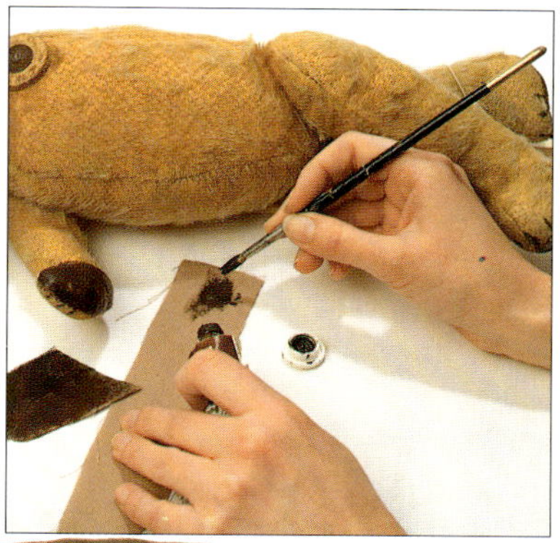

COUSSINETS PEINTS

Les ours anglais faits entre 1930 environ et la fin des années 50 ont souvent des coussinets de Rexine, toile cirée qui n'existe plus. On peut recréer un tissu semblable en peignant une étoffe genre mousseline avec une peinture marron séchant vite. On la taillera à bonne dimension pour la coudre ensuite en place.

TOUT RECOUSU

Si un ours perd bras ou jambe, on peut faire un membre neuf avec la même peluche, en prenant modèle sur le membre restant. Ici, on pique la peluche à la machine, envers contre envers, en laissant un espace à l'épaule, afin de pouvoir insérer le rembourrage et l'articulation.

RACCOMMODAGE

La peluche est souvent usée aux endroits où l'ours est serré tendrement ; les mites peuvent aussi faire des trous. Il vaut mieux poser une pièce sous le trou plutôt que sur le dessus, et la coudre soigneusement en place, à la main ou à la machine.

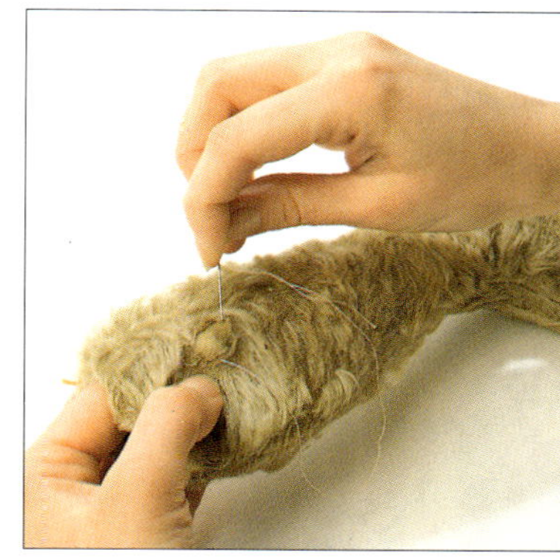

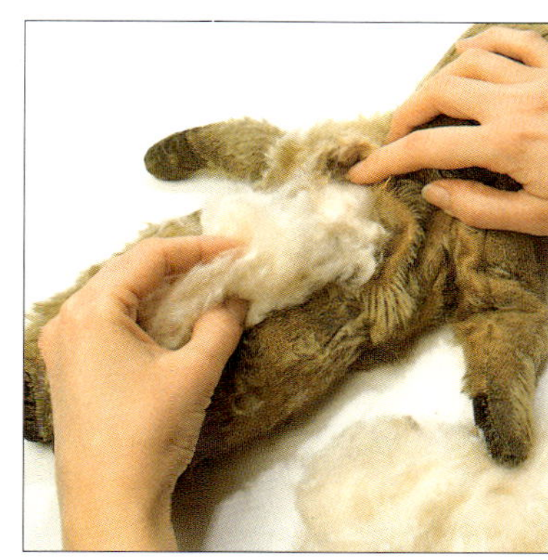

REMBOURRAGE

Les ours en peluche sont souvent vidés de leurs entrailles. La paille de bois est réduite en poudre ou le kapok perd son gonflant. Le nouveau rembourrage sera inséré par l'une des coutures, refermée ensuite à la main.

ARTICULATIONS

On remet un disque de carton avec une rondelle et une goupille passant par le centre, qui sera poussée dans la partie inférieure du corps, la rondelle correspondante et le disque placés derrière.

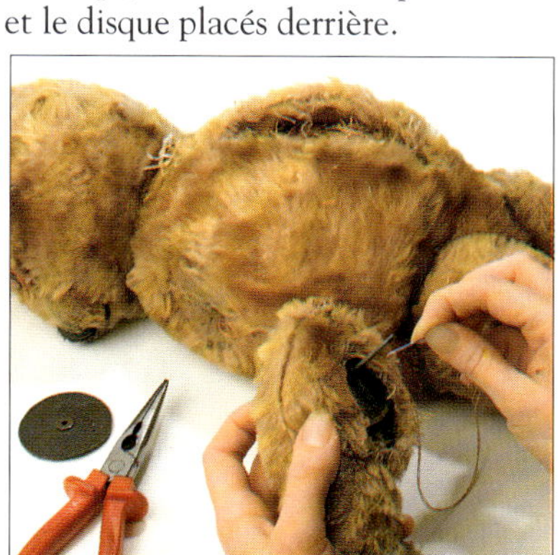

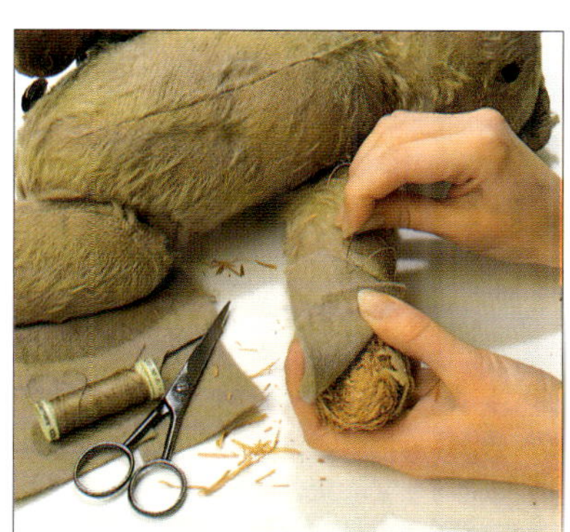

COUSSINETS EN FEUTRE

Les coussinets en feutre peuvent souffrir des mites ou simplement se déchirer aux coutures. On a retiré le coussinet de cet ours et le nouveau feutre, découpé à la dimension, est cousu en place.

INDEX

A

A1 34, 35
Aerolite 43
Aetna Toy Animal Co.
- « Still Hope » 26

« Alex » 58
« Alfonzo » 118
Allemands, fabricants
- et Première Guerre mondiale 34

« Aloysius » 119
Alpha 34
American Doll & Toy Manufacturing Co. 13
Applause
- marque 90
- ours 1988 9
- « Woody Herman » 109

arctophilie
- conventions 114
- hausse des prix 114
- influence de Peter Bull 90
- magazines 114
- origines 6

« Arthur Van Gelden » 62
articulations 14, 22, 23, 36, 72, 92, 125
Asquiths
- Brian's Bear 9, 110

Australiens, fabricants
- Jakas 8
- Joy Toys 88
- « Avalon » 28

B

Baby Bear 41
Baby Bingie 55
Baines, Ballard 91
Baloo 76
Basa 16
Basi 16
Bath, marquis de 123
Batro 16
Bedford Bears, série anniversaire 115
Bedtime Bear 94
Bendy Bears 40
Berryman Bear 115
Berryman, Clifford K., et caricature originale 12
« Bertie » 48
Bethnal Green, musée de l'Enfance
- collection Cattley 17
- collection de l'auteur 7
- ours patriotiques 39

Bigo Bello 101
Bingie 55
- comparé avec Jackie-Baby 80

Bingo Bear 97
« Bing Oh ! » 29
« Blissful » 25
Bloedel, premiers ours 13
« Bobby » 32
« Bobby Bear » 85
boîtes à musique 37, 73, 93
Bond, Michael 86
bouche, évolution 10-11
« bouton dans l'oreille », marque 12, 21, 23
boutons 18
Brame, Ginger T. 91
Brandreth, Gyles 114
Brian's Bear 9, 110
Bri-Nylon, ours 70, 71, 72
Britanniques, fabricants
- comparaison avec ours allemands 8
- effets Première Guerre mondiale 34
- premiers ours 13

British Doll & Novelty Co. 40
British United Toy Manufacturing Co.
- introduction peluche soie artificielle/rayonne 61
- première fabrication 13

Bruin Manufacturing Co.
- « Blissful » 25
- « Wistful » 27

« Brummy » 100
Bull, Peter 90
- « Delicatessen » / « Aloysius » 119

Bully Bear 102
- comparaison avec « Delicatessen » 119

Bumble Bear (bourdon) 91
Burman, J. and A.J., Teddy to-T 41

C

Campione, Bunny 6
Canterbury Bears
- Flash 103
- marque 103
- ours 10ᵉ anniversaire 115, 121
- ours 1986 9

caractéristiques des ours 10-11
cartes postales, collections 35
Cattley, collection 17
Chad Valley
- Aerolite 43
- « Alex » 58
- bouton, marque 58
- « Brummy » 100
- collection 6
- comparaison avec ours Merrythought 53
- « Geoffrey » 82
- « Mr Fluffy » 43
- pendant la Seconde Guerre mondiale 35
- Royal Warrant 82
- Sooty 77
- souvenirs de Winnie l'Ourson 57

Cheeky 83
- Bedtime Bear 94
- influence des dessins animés 70

« Chilli Pepper » 67
Chiltern Toy Works
- « Brummy » 100
- Hugmee, gamme 67, 89
- Master Teddy 39
- ours musical 9
- Wagmee, série 40
- *voir aussi H.G.Stone & Co. Ltd*

« Chummy » 53
- comparaison avec Diamond Jubilee Bear 120

« Clarence » 123
Clarkson, Shirley 95
« Claus » 46
clowns 38
« Colin » 54
collection
- débuts 7
- qualités à rechercher 6
- *voir aussi arctophilie*

Columbia Teddy Bear Manufacturers 18
compact, ours 40
« Compton » 52
copies d'ours 116, 119
Corbett, Harry 77
couinement, mécanisme 15, 32, 73, 93
coussinets 37, 125
« Cully » 84

D

Dakin & Co.
- marque 107
- « Watty Watford » 107

« Darren » 98
Dean, Henry Samuel 13
Dean's Childsplay 70
- *voir aussi Dean's Rag Book Co*

Dean's Rag Book Co.
- A1 34, 35
- Bendy Bears 40
- « Bertie » 48
- « Felix » 81
- marque 35
- « Michael » 106
- ours découpés 13
- pendant la Seconde Guerre mondiale 35
- premiers ours 13
- Truto-Life, série 81

Dear Heart 122
« Delicatessen » / « Aloysius » 119
Diamond Jubilee Bear 120
« Didcock » 64
Dormouse Designs, ours écolier 94
Dunbee-Combex-Marx 89
- et Pedigree Soft Toys Ltd 98
- *voir aussi H.G. Stone & Co. Ltd*

E

East London Federation Toy Factory 34
Eaton, Seymour 13
« Eddie » 21
Eden Toys Inc. 87
« Edward » 66
Emory, Flore 91
English Lakeland Bears 95
Entretien des ours 124-125

F

Farnell, J.K.
- Alpha 34
- « Compton » 52
- « Didcock » 64
- premiers ours 13
- Winnie l'Ourson 56

« Felix » 81
Flash 103
Fleischmann 13
Fortnum, Peggy 86
Foskey, Sue E. 97
- Freddie 112

Fozzie Bear 97
Français, fabricants 63
Franny's Teddy Bear Museum 114
Freddie 112
« Friend Petz » 23

G

Gabrielle Designs
- ours en tissu éponge 91
- Ours Paddington 87
- Sloane Ranger Bears 95

Gatti, copies 115
Gebrüder Bing
- « Avalon » 28
- « Bing Oh ! » 29
- collection 6
- « Gatti », copies 115
- marque 28, 29
- ours culbuteur 41
- ours marcheur 41
- ours patineur 40, 41
- premiers ours 13

Gebrüder Hermann
- « Claus » 46
- « Horst » 78
- « Johann » 104
- marque 34
- ours commémoratif 115

Gebrüder Sussenguth
- Peter 44

« Geoffrey » 82
Ges. Gesch, mention 35
« Gloria's Bear » 47
Good Bear, jour 123
Good Bears of the World 90, 123
Gray & Nicholls 34
griffes
- évolution 10-11
- Farnell, style 52

grognement à bascule 15, 124
- *voir aussi voix*

grognement à pression 15
- *voir aussi voix*

groom, ours 41
Gros Nounours 77
Gund, ours commémoratif 115
gutta-percha 15, 22

H

Hamley, Ours 115
« Happy » 45, 115
Harwin & Co
- Ours Alliés 39

« Heinrich » 59
Henderson, colonel 95
Henson, Jim 97
Hermann, Bernhard 78
Hermann, Johann 13
Hockenberry, Dee 91
- The Bride 113

Hockey Bear 94
« Horst » 78
House of Nisbet
- Bully Bear 102
- marque 102
- ours Oui/Non 115

Hugmee, gamme
- « Chilli-Pepper » 67
- « Leon » 89

Humphrey B. Bear 77
Humphrey Beargart 95

I

Ideal Novelty & Toy Co. 12, 20
- Good Bears of the World 123
- « Mrs Robinson » 20
- ours commémoratif 115
- Ours Smokey 68-69

Ideal Toy Corporation
- *voir Ideal Novelty Toy Co.*

Isaacs & Co., Spring Leg Teddy Bear 40

J

Jackie-Baby 80
Jakas, ours non articulé 8
japonais, ours à mécanisme 76
« Johann » 104
Joy Toys 88
« Joycie » 88

K

Kahn & Mossbacher, habits d'ours 16
kapok, rembourrage 15, 35, 37, 43
« Knebbyworth » 108
Knickerbocker Toy Co. Inc. 9, 90
- « Senior Mr Roosevelt » 65

Kuch, Linda 90

L

Laight, Naomi 91

« Knebbyworth » 108
lavable en machine, ours 70
« Leon» 89
Lines' Brothers Ltd 85
Joy Toys 88
London Toy and Model Museum 87
« Louise » 42

M

Madingland 34
Magnet Line 54
manchon 19
« Marcel » 63
« Marmaduke » 31
marques de fabrique , 34, 35
A1 34, 35
Aerolite 43
Alpha 34
Fondle Toys 34
Madingland 34
Mr Teddy 34
Schuco 47
Steiff 12, 21, 23
voir aussi nom de chaque entreprise et catalogue
masque à gaz et étui 41
matériaux 14-15, 36-37, 72-73, 92-93
Acrilan 70
alpaga 110
après Seconde Guerre mondiale 70
Bri-Nylon 70, 71, 72
caoutchouc 72, 75
gutta-percha 15, 22
kapok 15, 35, 37, 43
nouveaux 8
nylon 36, 70
paille de bois 15
peau de mouton 36, 66
peluche mohair bicolore 46
rayonne 36
stuc 44
vinyle 76
Mattel 96
« Maximilian » 24
mécanismes à remontoir, premiers 12
membres, remplacement 125
Merrythought 35
collection 6
comparaison avec ours Chad Valley 53
Magnet line 54
musée 114
ours commémoratifs 115
ours en uniforme 94
Seconde Guerre mondiale 35
Merrythought, ours
Baby Bingie 55
Bedtime Bear 94
Bingie 55
Cheeky 83
« Chummy » 53
« Colin » 54
Diamond Jubilee Bear 120
« Trayton » 99
« Michael » 106
Michaud, Doris et Terry 91
Michtom, Morris & Rose 12
Milne, A.A. 56
Mishka, mascotte olympique 122
« Miss Jessie Criddle » 60
« Miss Nightingale » 30
Mr Bills 97
Mr et Mrs Twisty Cheeky 74
« Mr Fluffy » 43
« Mr Jollyboy » 61
« Mrs Robinson » 20
musées 39, 114
voir aussi Bethnal Green, musée de l'Enfance
Dean's Rag Book Co.
Franny's Teddy Bear Museum
Sparrow, Judy
Merrythought
Pollock's Toy Museum
Steiff
muselière, cuir 32
musicaux, ours 18, 40

N

Napoleon Bearnaparte 94
nez 15, 72
entretien et restauration 124
évolution 10-11
gutta-percha 15, 22
Nimrod Teddy 75
Nonsuch Soft Toys
Sir Mortimer 111
normes de sécurité 71, 90
North-American Bear Co. 91, 94
nylon 36, 70

O

œuvres de bienfaisance 122-123
oreilles, restauration 124
Original Teddy 105
« Oscar » 22
« Othello » 33
Oui/Non, ours 115
ours
à mécanisme 12, 41, 76
à pirouette 18
à ressort 97
à roulettes 41
acrobate 19
Alliés 39
basculant 18
chaise 97
clowns 38
commémoratifs 115, 120-121
compact 40
détachable, copie 117
électrique 18
en boîte 18
en uniforme 38, 39
fantaisie 18-19
groom 41
habillables 39
lavables 70
manchon 19, 97
marcheur 41
marin 17
miniatures 97
musical 18, 40
patineur 41
porte-monnaie 97
rieur 18
Roosevelt 12-13
voir aussi Roosevelt Bears
savant 17
siffleur 18

P

Paddington, Ours 86-87, 122
paille de bois 15
Palitoy 90, 100
peau de mouton 36, 66
Pedigree Soft Toys Ltd 35, 51, 72, 90
« Bobby Bear » 85
« Darren » 98
Père Noël, ours 90
Peter 44
Petsy 45
Plummy 35
Pohlen, Mac 90
Pollock's Toy Museum 39
Port, Beverly 91
Port, Kimberlee 91
Première Guerre mondiale
fabrication des ours 34
ours soldats 39
production et automatisation (méthode) 74
Pudsey Bear 123

R

Raikes, Robert 91, 95, 109
rayonne 36
rembourrage 14-15, 36-37, 72-73, 92-93, 125
voir aussi matériaux
remontoir, ours à 41
restauration 124-125
Rixon, Susan 91, 111
Rodnoid 76
Roosevelt Bears 38
voir aussi Ours Roosevelt
Roosevelt, Theodore 6, 12
Rosebud, 76
« Ross » 79
Royal Albert, porcelaine 77
Royal Warrant 82
Rupert, Ours 50-51, 122

S

Schreyer & Co.
Bigo Bello 101
« Gloria's Bear » 47
« Heinrich » 59
marque 47
Première Guerre mondiale 34
voir aussi Schuco
Schuco
marque 47
ours compact 40
ours culbuteurs 41
ours groom 41
ours miniatures 40
ours Oui/Non 59
ours patineur 41
voir aussi Schreyer & Co.
Seconde Guerre mondiale
fabrication des ours 35
masque à gaz et étui 41
« Senior Mr Roosevelt » 65
Shepard, E.H. 56, 57
Sir Mortimer 111
Sloane Ranger Bears 95
Smokey, Ours 68-69
Knickerbocker Toy Co. Inc. 65
Sooty 76-77
South Wales Manufacturing Co. 34
Sparrow, Judy, et musée d'ours 114
Spiegel, Linda 91
Spring Leg Teddy Bear 40
Steiff
avant Première Guerre mondiale 8
collection 6
copies d'ours 116-118
jubilé, ours 80
marque 12, 21, 23
Maulkorb-Bär 32
origines de la firme 12
ours culbuteurs 41
ours habillés 16
pin's ours 96
usines 12
Steiff, Margarete 12
Steiff, ours
Berryman Bear 115
« Bobby » 32
« Eddie » 21
« Friend Petz » 23
Hamley, Ours 115
« Happy » 45
Hockey Bear 94
Jackie-Baby 80
« Louise » 42
« Maximilian » 24
Nimrod Teddy 75
Original Teddy 105
« Oscar » 22
« Othello » 33
Teddy Baby 49, 75
Teddy Clown 38
Teddybu 38
Teddyli 75
Urteddy 41
Zotty 75, 78
« Still Hope » 26
Stone, H. G. & Co. Ltd
« Chilli Pepper » 67
Chiltern, gamme 35
Hugmee, gamme 67, 89
« Leon » 89
Wagmee, série 40, 59
Strauss 18
stuc 44
Super Ted 96

T

Tale of Teddy Bright Eyes, The 13
Tante Lucy 87
Teddy B et Teddy G 13, 16
Teddy Baby 49
Teddy Bear Book, The 90
Teddy Bears Picnic, The 41
Teddy's Playtime, porcelaine 77
Teddy Rose, copie 9, 117
Teddy Ruxpin 97
Teddy to-T 41
Teddy Toy Co. 34
Teddybu 38
Teddyli 75
Terry, William J. 13
« Marmaduke » 31
The Bride 113
Thiennot 34
Three Bears Inc. 69
toile de sac 14
Tom Foolery 122
Tough Ted 96
Tourtel, Mary 50
« Trayton » 99
Truto-Life, série 81

U

Un ours appelé Paddington 86

V

ventes aux enchères 114
vêtements 16-17, 38-39, 74-75, 94-95
voix 14-15, 36-37, 72-73, 92-93
cylindre à rouleau 67
ours parlant 101
rénovation 124
Volpp, Paul et Rosemary 7

W

Wagmee, série 40, 59
Wagner, Florentine, musée 114
Wallace Berrie 71
Walt Disney
Winnie l'Ourson 56-57
« Watty Watford » 107
Wendy Boston Playsafe Toys 70
« Cully » 84
ours lavable en machine 70
Wholesale Toy Co. 35
Wilgoss, Sylvia R. 81
Wilson, Colin 114
Winnie l'Ourson 56-57
« Wistful » 27
« Woody Herman » 109
Woolie Bears 107
Woolworth, F.W.
« Miss Jessie Criddle » 60
Wright, Beverly 91

Y

yeux 14-15, 36-37, 72-73, 92-93
entretien, restauration 124
évolution 10-11
métal 30
Schuco 101
Yogi, Ours 77

Z

Zoo Toy Co. 34
Zotty, ours 75
comparaison avec « Horst » 78

REMERCIEMENTS

L'éditeur désire remercier les personnes suivantes, qui ont généreusement prêté leurs ours et souvenirs s'y rapportant pour les photographies : Timothy Atkinson 74 ; Brian Beacock 14, 15, 36, 37, 72, 73, 92, 93 ; Bear Essentials 97 ; Bethnal Green, musée de l'Enfance (département du Victoria and Albert Museum) 5, 11, 13, 16, 17, 38, 39, 41, 47, 59, 82, 89, 98, 99, 100, 101, 102, 104, 106, 114 ; Heather Bischoff 28, 31 ; Gyles Brandreth, Teddy Bear Museum, Stratford-upon-Avon, page de faux titre, page de titre, 6, 10, 11, 16, 18, 22, 23, 24, 38, 46, 69, 75, 76, 77, 78, 81, 94, 95, 96, 97, 111, 122, 123 ; Canterbury Bears 11, 103, 114 ; Pauline Cockrill 8, 9, 11, 67, 71, 72, 73, 79, 92, 93 ; Faith Eaton 11, 44 ; Nancy Evans 8, 11, 88 ; Lucinda Ganderton 8, 74, 75 ; Paul Goble 11, 49 ; Pam Hebbs, page de titre, 5, 8, 9, 10, 11, 13, 16, 17, 18, 19, 21, 32, 34, 35, 38, 40, 42, 63, 71, 75, 77, 96, 97, 112, 113, 116, 117, 122 ; Peter Hebbs 97 ; Gillian Lister 66 ; London Toy and Model Museum 12, 86, 87 ; Merrythought Ltd 120 ; Sheryl Nairn 50, 51 ; Ian Pout, « Teddy Bears » 5, 10, 11, 19, 33, 39, 40, 41, 64, 70, 118 ; collection privée 5, 9, 10, 11, 17, 38, 60, 61, 62, 77, 85, 94, 95, 96, 107, 108, 109, 117, 119 ; David Robinson 8, 75 ; John Smith, Doll's Hospital, Fulham, Londres 14, 15, 36, 37, 72, 73, 92, 93 ; Judy Sparrow, The Bear Museum, Petersfield 7, 10, 11, 18, 19, 30, 34, 35, 40, 41, 43, 48, 52, 53, 54, 55, 58, 71, 76, 83, 105, 114, 115, 124, 125 ; Paul et Rosemary Volpp 5, 11, 13, 20, 25, 26, 27, 29, 45, 65, 68, 69, 80, 119 ; Lynnet Wilson 8, 11, 84.

Merci également aux personnes dont les ours sont prêtés au Teddy Bear Museum, Stratford-upon-Avon : Mike Reid (Sooty, marionnette-gant) 76 ; Michael Bond (Paddington et lit) 86 ; Barbara Cartland (The Prince of Love) 90.

L'auteur voudrait exprimer sa reconnaissance aux personnes qui l'ont aidée et conseillée : Jacki Brooks de l'Australian Doll Digest ; Sylvia Coote ; Glenn Jackmann ; Pat Rush ; Pam Howells ; John Blackburn de Canterbury Bears ; Oliver Holmes de Merrythought Ltd ; Michael Crane de Dean's (1903) Company ; Diane Phillips de Collins ; Bunny Campione de Sotheby's ; Judy et John Sparrow ; Pam et Peter Hebbs ; Brenda et Frank Faris ; l'équipe du musée de l'Enfance de Bethnal Green ; Sheryl et Mme Nairn ; John Smith du Doll's Hospital, Fulham ; Brian Beacock : Joan Bland de Asquiths ; Ian Pout de « Teddy Bears » ; Sue Rixon de Nonsuch Soft Toys ; Naomi Laight ; Rosemary Volpp ; Denise Naylor du service radiologie du Kingston Hospital, Kingston upon Thames, Surrey ; sœur Marie-Claire ; Michael Morse ; Heather Bischoff ; Tracie Vallis ; Felix C. Sear ; Trevor Williamson ; Bear & Friends, Brighton.

Une mention spéciale à l'équipe de conservateurs du musée de l'Enfance de Bethnal Green pour leur aide, ainsi qu'aux parents et amis, en particulier Ruth Cornett, Kevin Edge, et surtout Lynnet Wilson et « Cully », qui furent à l'origine de ce livre.

CRÉDIT ILLUSTRATIONS

Archiv/INTERFOTO 10, 12 ; Associated Press/Christie's 114 ; musée de l'Enfance de Bethnal Green 114 ; Camera Press 122, 123 ; Frank Spooner 122, 123 ; The Hulton-Deutsch Collection 12 ; © MPL 51 ; National Portrait Gallery, Londres 56 ; Popperfoto 35, 57, 71 ; Ian Pout 19 ; Rex Features 90 ; Smithsonian Institute 13 ; Sotheby's 6 ; Steiff Museum 12, 34 ; Topham Picture Library 56, 70, 91, 123 ; Ullstein Bilderdienst 34 ; autorisation du Victoria and Albert Museum 5, 10, 11, 13, 16, 17, 38, 39, 41, 59, 82, 89, 98, 99, 100, 101, 102, 104, 106 ; Paul et Rosemary Volpp 7, 119.

BRIDESHEAD REVISITED, photo, Granada Television 119, reproduite avec l'aimable autorisation d'Anthony Andrews et de Jeremy Irons.

Photographies spéciales de Roland Kemp. Photographies supplémentaires de Pip Barnard, Jim Coit (aux États-Unis) et Tim Ridley.

Aquarelles de Pauline Baynes ; dessins en noir et blanc de Peter Serjeant.

Illustrations en couleur au crayon de Peggy Fortnum de PADDINGTON'S NOTEBOOK et PADDINGTON STORYBOOK de Michael Bond 86, 87. Reprises avec l'autorisation spéciale de Harper Collins Publishers Limited.

Illustrations au crayon de WINNIE-THE-POOH © E.H. Shepard sous la Convention de Berne, aux États-Unis © 1926 de E.P. Dutton & Co. Inc. © renouvelé en 1954 de A.A. Milne. Mise en couleur © 1970 de E.H. Shepard et Methuen & Co. Ltd © 1973 de E.H. Shepard et Methuen Children's Books Ltd 56, 57. Illustrations au crayon de THE HOUSE AT POOH CORNER © E.H. Shepard sous la Convention de Berne, aux États-Unis © 1928 de E.P.Dutton & Co. Inc., © renouvelé en 1956 de A.A. Milne, mise en couleur © 1974 de E.H. Shepard et Methuen Children's Books 56. Reproduit avec l'autorisation de Curtis Brown, Londres.

Illustrations de Ruppert 50, 51 reproduites avec l'aimable autorisation de Express Newspapers plc.